"改革开放与新时代"研究丛书

Wenhua Jianshe
Xin Fengmao

文化建设新风貌

王非 等 著

中国人民大学出版社
·北京·

目　录

第一章　四十年文化建设发展理论与实践总结 ·············· 1
　一、恢复秩序与初期发展（1978—1992 年） ·············· 1
　二、重新定位与深化改革（1992—2002 年） ·············· 9
　三、均衡发展与综合改革（2002—2012 年） ·············· 15
　四、注重创造与全面提高（2012 年至今） ·············· 23

第二章　社会主义核心价值观建设取得新突破 ·············· 32
　一、社会主义核心价值观的提出 ·············· 32
　二、社会主义核心价值观建设新突破 ·············· 38
　三、社会主义核心价值观建设的启示 ·············· 46

第三章　社会主义思想道德建设取得重大进展 ·············· 54
　一、思想道德建设战略不断推进 ·············· 54
　二、思想道德体系逐步形成完善 ·············· 61
　三、国民思想道德素质有效提升 ·············· 68

第四章　文化整体实力与竞争力实现飞跃 ····· 75
一、文化产业成为支柱产业 ····· 75
二、文化传播能力不断提高 ····· 83
三、文化国际影响力不断提升 ····· 90

第五章　文化建设大力创新 ····· 99
一、不忘本来：在继承中华民族优秀传统文化中创新中国特色社会主义文化 ····· 100
二、吸收外来：在世界思想文化激荡中发展中国特色社会主义文化 ····· 110
三、面向未来：在中国特色社会主义宏伟蓝图中创新中国特色社会主义文化 ····· 115

后　　记 ····· 125

第一章　四十年文化建设发展理论与实践总结

改革开放四十年来，我国文化建设与经济建设、政治建设和社会建设一道，风雨兼程，春华秋实，取得了辉煌成就。认真梳理四十年来文化建设发展理论与实践，深刻总结和回顾历史，全面深入地认识和把握文化发展规律、总结各阶段经验，对于新时代坚持社会主义先进文化前进方向、建设社会主义文化强国，具有深远的历史意义和重要的现实意义。

一、恢复秩序与初期发展（1978—1992年）

1978年12月胜利召开的党的十一届三中全会在当代中国具有划时代的意义，之后，我国的文化事业出现了复苏与空前的繁荣。1979年10月，邓小平代表党中央在中国文学艺术工作者第四次代表大会上发表讲话，提出了新时期我国文学艺术事业发展的一系列指导方针，为文化建设指明了前进的方向。

（一）文化理论的创新

1. "二为"方向

1979年10月30日，第四次文代会在北京召开。这次大会是我国文艺战线上一个极为重要的里程碑,也是"文化大革命"后全国各路文艺大军的具有历史意义的盛大会师。邓小平在大会祝词中明确提出了新时期社会主义文艺的主要历史任务,提出了我们要在建设高度物质文明的同时,建设高度的社会主义精神文明这一重要课题。邓小平说:"我们要继续坚持毛泽东同志提出的文艺为最广大的人民群众、首先为工农兵服务的方向,坚持百花齐放、推陈出新、洋为中用、古为今用的方针,在艺术创作上提倡不同形式和风格的自由发展,在艺术理论上提倡不同观点和学派的自由讨论。"[①] 1981年1月29日,《中共中央关于当前报刊新闻广播宣传方针的决定》明确提出了文艺"一定要坚持为人民服务、为社会主义服务的方向"[②]。从此,"为人民服务,为社会主义服务"作为我国文艺工作的基本方针确定了下来。

文艺创作坚持"二为"方向,包含两个方面的基本内涵:一是对人民有益,即文艺要为人民服务,要有益于人民身心健康、社会和谐,有益于人民群众素质的提高,有益于实现人的全面发展和生活幸福、促进社会全面进步。二是文艺要注重客观社会效果,即文艺要为社会主义服务。文艺作品要有利于中国特色社会主义制度的巩固和发展,造福于各族人民群众。文艺"二为"方向的创新发展,是对文化创作生产规律的科学把握,对坚持正确创作方向重要性的科学概括,是引导文化艺术创作繁荣昌盛的永恒旗帜。

2."社会主义精神文明"

1979年9月,叶剑英在庆祝中华人民共和国成立30周年大会上的讲话中,第一次正式使用"社会主义精神文明"的概念。从此以后,建设高度的社会主义精神文明就成为社会主义现代化建设的重要目标之一。1980年12月,邓小平在中央工作会议上指出:"我们要建设的社会主义国家,不但要有高度的物质文明,而且要有高度的精神文明。所谓精神文明,不但是指教育、科学、文化(这是完全必要的),而且是指共产主义的思想、理想、信念、道德、纪律,革命的立场和原则,人与人的同志式

---

① 邓小平文选:第2卷.北京:人民出版社,1994:210.
② 三中全会以来重要文献选编(下).北京:人民出版社,1982:687.

关系，等等。"① 1982年党的十二大报告首次把精神文明提高到"是社会主义的重要特征，是社会主义制度优越性的重要表现"的战略高度，指出"没有这种精神文明，就不可能建设社会主义"②。

1986年9月，党的十二届六中全会通过的《中共中央关于社会主义精神文明建设指导方针的决议》，对建设社会主义精神文明做了全面的阐述，明确了社会主义精神文明建设的根本任务，即"适应社会主义现代化建设的需要，培育有理想、有道德、有文化、有纪律的社会主义公民，提高整个中华民族的思想道德素质和科学文化素质"③。1987年10月，党的十三大提出了党在社会主义初级阶段的基本路线，确定要把我国建设成为富强、民主、文明的社会主义现代化国家，把精神文明与经济富强和政治民主并列为我国现代化建设的战略目标④。社会主义精神文明建设为中国特色社会主义文化建设指明了正确的方向。

3. "三个面向"

1983年10月1日，邓小平为北京景山学校题词："教育要面向现代化，面向世界，面向未来。"⑤ 邓小平对教育领域的"三个面向"的提法，首先是针对教育的，但也体现了中国共产党人在新时期关于文化发展的战略思想。"三个面向"的方针为整个新时期文化发展指明了方向，是有中国特色社会主义文化建设的一个重要特征。党的十五大把"三个面向"正式作为社会主义初级阶段文化建设的战略方针确定下来。"三个面向"的方针为新时期中国文化建设和发展提供了一个广阔的时空视野。

（二）文化实践的成果

这一时期全国性文化发展高潮形成，文化建设取得了辉煌的成就。这主要体现为以下几个方面：

---

① 邓小平文选：第2卷. 北京：人民出版社，1994：367.
② 全面开创社会主义现代化建设的新局面. 人民日报，1982-09-08.
③ 中共中央关于社会主义精神文明建设指导方针的决议. 人民日报，1986-09-29.
④ 中国共产党第十三次全国代表大会开幕. 人民日报，1987-10-26.
⑤ 邓小平文选：第3卷. 北京：人民出版社，1993：35.

1. 文化体制改革探索前进

在改革开放初期至1992年党的十四大召开期间,文化发展中的一系列体制性、结构性矛盾日益突出,面对这些计划经济时代未曾产生的新现象,原有的文化体制已经难以履行指导和管理的职能,文化体制面临着新的挑战,必须进行改革以适应新的时代需求。20世纪80年代初,文化管理部门明确提出文化体制和管理制度方面的问题。1983年,国务院开始有计划、有步骤地部署文化体制改革。1985年,中共中央办公厅、国务院办公厅批准文化部《关于艺术表演团体的改革意见》,部署对大中城市艺术表演团体进行布局结构调整,文化体制改革迈出了坚实的第一步。1988年,国务院批转《文化部关于加快和深化艺术表演团体体制改革意见》,倡导"双轨制"的改革思路。

1987年2月,文化部、公安部、国家工商行政管理局联合发布了《关于改进舞会管理问题的通知》,第一次确认了营业性舞会的合法地位,提出了管理营业性舞会的基本思路,这是文化市场探索中迈出的关键性一步。1988年,文化部、国家工商行政管理局联合发布《关于加强文化市场管理工作的通知》,首次正式提出了"文化市场"的概念,明确肯定了文化市场的积极作用,初步明确了文化市场的管理范围、任务、原则和方针。1989年2月,国务院批准设立文化市场管理局,标志着全国文化市场管理体系初步形成。文化市场的确立和发展,是人们思想认识上的一次巨大飞跃,开启了文化市场发展光明的前程。

2. 文艺队伍发展壮大

邓小平曾明确强调,必须十分重视文艺人才的培养。他说:"在一个九亿多人口的大国里,杰出的文艺家实在太少了。这种状况与我们的时代很不相称。我们不仅要从思想上,而且要从工作制度上创造有利于杰出人才涌现和成长的必要条件。"[①] 1978年以来,国家全面落实知识分子政策,对文化人才的选拔、任用、评价等制度不断进行重建和完善,在发挥知识分子作用、优化人才环境等方面做了大量卓有成效的工作。1986年,以专业技术职务聘任制为核心的职称改革正式推进。1991年起,文化部设立专

---

① 邓小平文选:第2卷. 北京:人民出版社,1994:212-213.

业艺术政府奖"文华奖",目的是推动我国舞台艺术的创作繁荣,促进艺术院团的艺术生产,奖励优秀的艺术人才。同年,文化部开始向人事部推荐享受政府特殊津贴人员。1992年起,全国文化系统开展"文化部优秀专家"选拔工作,每两年评选一次,高层次专业技术人才选拔工作全面走上正轨。

文化艺术工作队伍得到壮大和发展,群众文化活动进入了一个新的发展阶段。许多老一代作家、理论家在新时期文化发展中起着承前启后的作用;大批中年文化工作者在创作上和理论上成为新时期文化工作的骨干力量;越来越多的青年作家、理论家成为发展文化事业的主力军。在这种背景下,文化艺术出现了空前的繁荣,在反映现实生活的深度和广度上,在艺术的表现力上,都有显著的进步。文化理论、小说、报告文学、电影、电视剧、话剧、戏曲、诗歌、音乐、美术、舞蹈、曲艺等各个方面,都诞生了一批优秀作品。

3. **公共文化事业快速发展**

改革开放初期,社会公共文化事业取得了初步成就。1981年,中共中央下发了《关于关心人民群众文化生活的指示》,要求各级党委和有关部门重视人民群众的文化生活,把它放在党委工作的重要位置上,认真抓好,切实解决在这方面存在着的各种有可能解决的困难问题,引导人民群众的文化娱乐活动走上更加丰富、更加健康的轨道。1980年1月下发的《关于活跃农村文化生活的几点意见》和1983年的《关于加强城市、厂矿群众文化工作的几点意见》的通知,是在我国改革开放初期指导群众文化工作、促进我国群众文化艺术繁荣和发展的两个纲领性文件。为加强对文化馆和图书馆等公共文化设施的管理,改革开放之初,有关部门先后于1978年11月颁布了《省、市、自治区图书馆工作条例(试行草案)》、1982年12月正式颁布了《省(自治区、市)图书馆工作条例》。1981年7月颁布的《文化馆工作试行条例》,使公共图书馆和文化馆工作开始走上正轨,开辟了社会文化工作全面发展的新局面。各地新建了大批群众文化设施,群众文化工作队伍发展壮大,群众文化事业快速发展。社会文化工作为改革开放和社会主义现代化建设提供文化支持和精神动力,成为对广大人民群众进行思想教育、提高人民的科学文化水平和满足群众文化生活需要的重要手段。

4. 科教文化发展走上正轨

一系列教育法规出台,从政策上确立了教育的地位。1977年8月,邓小平在中央科学和教育工作座谈会上提出:"我们国家要赶上世界先进水平,……要从科学和教育着手。科学当然包括社会科学"①。同年恢复高考,当年报考人数570万,录取人数27万,录取率4.7%②。1980年颁布的《中华人民共和国学位条例》作为新中国第一部教育法律,标志着我国教育开始走上依法治教轨道。1986年,《中华人民共和国义务教育法》颁布并实施,旨在"为了发展基础教育,促进社会主义物质文明和精神文明建设,根据宪法和我国实际情况,制定本法"③。1988年,全国普通高等学校发展到1 075所,比1978年增加477所;在校本、专科生达到206.6万人,比1978年增长1.4倍④。从1985年开始,高等院校的毕业生分配打破了完全由国家计划分配的制度,实行计划分配与双向选择并举。成人教育作为整个教育事业的重要组成部分,也获得新的发展。1987年,国务院批转了国家教委制定的《关于改革和发展成人教育的决定》,成人高校和中等专业学校还根据经济建设的需要及时开设了许多短线专业。

在科学技术方面,1983年建立国家社会科学基金制度,一大批课题成果代表了当时艺术理论建设的新水平。1985年7月,中国科学院在院长基金里设立青年科学基金,用于资助35岁以下的有创新和开拓能力的科技人员,当年,140位青年科技人员获得了资助⑤。1986年9月,根据试办青年科学基金的经验,科学院决定从1986年起,每年从院长基金中划出一定经费,设立"中国科学院青年奖励研究金"。设立青年科学基金,激励了青年科学家的科研热情,也开辟了科研经费来源的新渠道。

---

① 邓小平文选:第2卷. 北京:人民出版社,1994:48.
② 四十位代表委员热议改革开放40年·教育篇. 光明日报,2018-03-03.
③ 中华人民共和国义务教育法. 人民日报,1986-04-18.
④ 关于1988年国民经济和社会发展的统计公报. (1989-02-28). http://www.stats.gov.cn/tisj/tjgb/ndtjgb/qgndtjgb/200203/t2002033/_30001.html.
⑤ 史上今日:1985年7月24日中国科学院设立青年科学基金. (2016-07-24). http://www.sohu.com/a/107353116_115496.

(三) 文化建设的经验

1. 重视文化的意识形态属性

文化建设的旗帜和灵魂在于其指导思想，确立正确的指导思想是文化建设的前提。马克思主义理论指明了社会主义文化建设举什么旗、走什么路。以马克思主义为指导，用马克思主义占领思想文化阵地，推进马克思主义中国化成为这一时期文化建设取得辉煌成就的重要经验。

改革开放之初，以邓小平同志为核心的党的第二代中央领导集体将文化工作纳入政治、经济、文化相互促进的整体思维，从而使文化工作思想体现一种新的特征。尤其是"解放思想，实事求是"和"实践是检验真理的唯一标准"的大讨论，使这一时期的文化建设政策调整，扩大了文化服务的对象，也为文化发展方向奠定了基调。宽松的文化政策为文化创作主体提供了较大的选择余地，使文化传播者的创造力、想象力和生产力获得全面的释放，文艺报刊空前繁荣，群众性文化艺术活动空前活跃。

2. 确立文化建设在国家生活中的战略性地位

对于任何一个国家来说，文化建设都同政治和经济制度的建设一样，是国家生活的重要内容。新中国自成立以来始终重视文化的战略性地位，邓小平以文化为突破口，改变人们的思想观念进而把党和国家的工作重心转移到经济建设上来，并且把文化的发展作为社会主义现代化的重要目标。他说："社会主义制度的优越性表现在它的文化、科学技术水平应该比资本主义发展得更快、更先进，这才称得起社会主义，称得起先进的社会制度。"[1]

在这一原则的指导下，这一时期的文化建设是处在一个动态的发展的位置上，邓小平在南方谈话时强调，"社会主义要赢得与资本主义相比较的优势，就必须大胆吸收和借鉴人类社会创造的一切文明成果"[2]。我们决不能再长期闭关自守，"把中国搞得贫穷落后，愚昧无知"[3]。这一时期

---

[1] 邓小平年谱（1975—1997）：上. 北京：中央文献出版社，2004：200.
[2] 邓小平文选：第3卷. 北京：人民出版社，1993：373.
[3] 同②90.

文化建设既古为今用继承中国传统文化，又洋为中用借鉴外来文化，使文化在这一时期的发展呈现多元与高产态势。

3. 坚持文化建设与政治经济相适应

文化是与经济基础相适应而发展变化的。经济基础决定上层建筑，文化必然要随经济基础的变革而变革，随经济基础的发展而发展。要想制定出正确的文化建设的路线、方针、政策，必须立足于我国经济文化相对落后的具体国情。这一阶段的文化建设，就是立足于中国国情，走出了一条有中国特色的文化发展之路。

改革开放使我国经济快速发展，社会宽松，人民群众自主性提高，所有这一切，为文化艺术的发展繁荣提供了广阔的舞台和有力的物质保证。改革开放时期伴随经济的发展，文化建设政策也开始调整，改革旧的经济文化体制，大大激发了文化艺术工作者的热情和活力；国门的开放，又使文化艺术形成了对内发展对外交流的新局面。

党的十一届三中全会以后，随着改革开放的不断深入，随着社会主义市场经济的建立和发展，随着人民物质生活水平的不断提高，文化市场的形成使文化娱乐业有了长足的发展，形成了多门类、多层次、多形式、多体制的文化市场体系和覆盖全国城乡的文化经营网络。书店书摊、画店画廊、歌厅舞厅、录像放映点、音像发行网等，如雨后春笋般在神州大地涌现。

4. 重视科教的发展

在建设中国特色社会主义的伟大实践中，邓小平始终把教育发展和科技进步作为关系社会主义现代化建设全局和社会主义历史命运的根本问题。1988年9月，邓小平根据当代科学技术发展的趋势和现状提出了"科学技术是第一生产力"的论断。党的十一届三中全会以来，我国开创了改革开放、经济持续快速增长的新局面。但是，我国作为一个12亿人口的发展中国家，在经济、科技及教育的水平上与发达国家相比还有很大的差距。邓小平提出和倡导的科教兴国思想，正是对社会主义现代化发展道路和动力问题所做出的科学回答和最佳选择，完全符合当代中国国情和马克思主义社会发展理论。

二、重新定位与深化改革（1992—2002年）

党的十三届四中全会以后，以江泽民同志为核心的党的第三代中央领导集体把文化建设放在全球化的大背景中来认识，高度重视文化建设工作，认为文化建设的根本任务是提高全民族的思想道德素质和科学文化素质，在全社会建立共同理想和精神支柱，为中华民族的伟大复兴和社会主义现代化建设的健康发展，提供巨大的精神动力和智力支持。

（一）文化理论的创新

党的十四大把建立社会主义市场经济体制作为经济体制改革的目标，我国改革开放进入新的阶段。党的第三代中央领导集体坚持解放思想、实事求是、与时俱进的思想路线，着眼于文化建设的新形势，提出了建设"有中国特色社会主义文化"的概念和文化"是综合国力的重要标志"的新论断，提出"始终代表中国先进文化的前进方向"思想。这些是社会主义市场经济确立后对我国文化发展战略思想的进一步发展。

1. "有中国特色社会主义文化"

早在1991年7月1日，在《在庆祝中国共产党成立七十周年大会上的讲话》中，江泽民就提出了"有中国特色社会主义文化"[1] 这一崭新概念。1997年9月，在党的十五大报告中，江泽民指出："有中国特色社会主义的文化，就其主要内容来说，同改革开放以来我们一贯倡导的社会主义精神文明是一致的。文化相对于经济、政治而言。精神文明相对于物质文明而言。""建设有中国特色社会主义的文化，就是以马克思主义为指导，以培育有理想、有道德、有文化、有纪律的公民为目标，发展面向现代化、面向世界、面向未来的，民族的科学的大众的社会主义文化。"[2] 江泽民第

---

[1] 江泽民. 在庆祝中国共产党成立七十周年大会上的讲话. 人民日报，1991-07-02.
[2] 高举邓小平理论伟大旗帜 把建设有中国特色社会主义事业全面推向二十一世纪. 人民日报，1997-09-13.

一次明确把文化建设列为党在社会主义初级阶段纲领的重要组成部分，明确提出文化建设的指导思想、主要目标和先进文化的本质特征，明确指出社会主义精神文明与中国特色文化建设是一致的。

1997年，党的十五大报告首次对文化问题设专章论述，指出："社会主义现代化应该有繁荣的经济，也应该有繁荣的文化"。要求"全党必须从社会主义事业兴旺发达和民族振兴的高度，充分认识文化建设的重要性和紧迫性"①。以江泽民同志为核心的党的第三代中央领导集体做出文化"是综合国力的重要标志"的科学论断。

2. "始终代表中国先进文化的前进方向"

"始终代表中国先进文化的前进方向"是"三个代表"重要思想的基本内涵之一。"三个代表"重要思想是加强和改进党的建设、推进我国社会主义自我完善和发展的强大理论武器，是党必须长期坚持的指导思想，其具体内容为我们党必须始终代表中国先进生产力的发展要求、代表中国先进文化的前进方向、代表中国最广大人民的根本利益。对于这一重要思想，江泽民2000年2月在广东省考察工作时首次进行了较为全面的阐述。2001年7月，江泽民在庆祝中国共产党成立八十周年大会上指出："坚持什么样的文化方向，推动建设什么样的文化，是一个政党在思想上精神上的一面旗帜。"② 始终代表中国先进文化的前进方向，突出了社会主义先进文化的伟大历史作用，体现了文化建设对党的建设的重要意义，是中国特色社会主义文化建设的一个重要的理论创新成果。它将先进文化建设上升到立党之本、执政之基的高度来认识，对于提升文化建设在国民经济和社会发展整体布局中的地位起到了极大的作用，为进一步繁荣发展社会主义先进文化奠定了坚实的理论基础。

3. 文化"是综合国力的重要标志"

党的十五大报告指出，文化是综合国力的重要标志，从而把文化问题提到了"立党之本、执政之基、力量之源"的高度，体现了我党自觉的文

---

① 高举邓小平理论伟大旗帜　把建设有中国特色社会主义事业全面推向二十一世纪. 人民日报，1997-09-13.

② 江泽民. 在庆祝中国共产党成立八十周年大会上的讲话（二〇〇一年七月一日）. 人民日报（海外版），2001-07-02.

化追求和崇高的文化目标。这一提法，从凝聚力、激励力和综合国力方面，揭示了文化建设在社会主义现代化建设中的地位和作用。

文化是综合国力的重要标志的论断，是对邓小平文化建设战略思想的发展，是对文化建设是社会主义现代化建设的重要组成部分的再认识，反映了我们党已经开始从"综合国力"的高度来阐述中国特色社会主义文化的战略地位和作用。

(二) 文化实践的成果

十四大以后，以江泽民同志为核心的党的第三代中央领导集体把握大局，因势利导，在精神文明建设理论方面继续探索，特别是在一些影响深远的重大问题上进行了深入探讨，取得了丰富的实践成果。

1. 文化体制改革不断推进

1998年，文化部设立了文化产业司，标志着我国政府正式将文化产业纳入政府工作体系。这个时期以国有大型文化单位改革为标志，文化产业化趋势席卷文化领域，不仅非公有经济纷纷进入文化领域，而且一批国有大型文化单位进行了改革和转型。2000年，党的十五届中央委员会第五次会议通过的《中共中央关于制定国民经济和社会发展第十个五年计划的建议》提出，要完善文化产业政策，加强文化市场建设和管理，推动有关文化产业发展。2001年，由中共中央办公厅、国务院办公厅联合下发的《关于转发〈中央宣传部、国家广电总局、新闻出版总署关于深化新闻出版广播影视业改革的若干意见的〉的通知》对深化新闻出版广播影视业改革制定了实施细则。2000年国务院还颁布了《关于支持文化事业发展若干经济政策的通知》，比较系统地制定了鼓励我国文化产业发展的财政、税收和金融政策。

到了20世纪90年代末，文化体制改革已经积累了相当多的经验，人们逐渐把握到了中国特色社会主义文化建设的基本规律。文化产业得到了突飞猛进的发展，甚至成为部分省份的支柱型产业，各类文化市场纷纷建立并完善，文化产业集团如雨后春笋般遍布各个文化行业。全国人民代表大会常务委员会、国务院和中央文化管理部门陆续制定和颁发了200多部法律法规、政策性文件或部门规章，为后续的产业发展和文化体制改革提供了依据。

2. 文化市场空前繁荣

1992年，党的十四大确定建立社会主义市场经济体制，为文化市场的繁荣带来了空前的机遇。音像市场、演出市场、艺术品市场以及网络文化等都有了长足发展。

1993年10月，文化部在北京召开了第一次全国文化市场工作会议，深入研究了文化市场的建设与管理。1994年11月召开的全国文化市场监督检查工作会议，第一次正式提出进一步建立健全文化市场稽查机构和稽查队伍。

这个阶段，我国文化市场门类基本齐全，市场体系开始建立，文化市场工作正式确立"一手抓繁荣，一手抓管理"的方针，文化市场法制建设取得重要突破，初步建立起文化市场法规体系。从1994年到1999年，国务院先后发布《音像制品管理条例》《电影管理条例》《营业性演出管理条例》《娱乐场所管理条例》等相关文件，绝大多数省、自治区、直辖市发布《文化市场管理条例》等地方法规和政府规章。这标志着文化市场立法工作取得新的突破，依法行政观念日益深入人心。

3. 公共文化服务体系建设扎实推进

这一时期，以基本阵地、基本队伍、基本内容、基本活动方式为重点，以重大文化工程为抓手的公共文化服务体系建设扎实推进。1992年起，由文化部发起，中宣部等20个共建单位开始实施全国万里边疆文化长廊建设；1998年，文化部和国家广电总局提出电影"2131"工程；2002年，由文化部、财政部组织并实施的全国文化信息资源共享工程正式启动。与此同时，各级政府加大了对农村地区、西部地区、边疆和少数民族地区文化基础设施建设的扶持力度。这期间，各种文化器材的更新，各种文化设施的改造与建设，特别是越来越多的现代化文化设施的兴建，都是以往所无法比拟的。据统计，1993年与1978年相比：我国的电影制片厂由17个增加到22个；剧场、影剧院由1 095个增加到2 011个；博物馆由349个增加到1 130个；公共图书馆由1 256个增加到2 579个；文化馆由2 748个增加到2 886个；电视台由32个增加到684个；广播电台由93个增加到987个；出版图书由14 987种增加到96 761种；出版杂志由

930 种增加到 7 011 种；出版报纸由 186 种增加到 943 种。此外，1993 年我国广播人口覆盖率达 76.3%，电视人口覆盖率达 82.3%[①]。

4. 科教文化迎来春天

1990 年，我国首次在人均受教育年限上超过世界平均水平。1995 年，党中央、国务院提出全国实施"科教兴国"战略，为文化科教事业发展创造了更加良好的环境，文化科教事业的发展更加迅速，为文化建设做出的贡献更加突出。2000 年我国实现了基本普及九年义务教育、基本扫除青壮年文盲（简称"两基"）的目标。全国建设了一批高水平大学和重点学科。高等教育的招生规模快速增加。《1996 年全国教育事业发展统计公报》显示，1996 年全国招收本专科生 96.58 万人[②]。《2002 年全国教育事业发展统计公报》显示，2002 年高等教育共招本科、高职（专科）学生 542.82 万人[③]。

1998 年财政对科技的拨款已达 466.5 亿元，是 1978 年的 8.8 倍[④]。在改革开放中，我国为了顺应新技术革命浪潮、积极跟踪世界先进水平，先后推出了"863 计划""973 计划"，缩小了与国外的差距，在许多领域取得重大突破。1997 年，我国科技人员在国内科技期刊发表科技论文 12.2 万篇，比 1989 年增长 40.1%。同时，我国科技人员发表的国际科技论文也有大幅度增长，1997 年在国际上发表期刊论文 3.5 万篇，是 1989 年的 2.9 倍，按论文数量排序已从 1989 年的第 15 位跃居到第 9 位[⑤]。

（三）文化建设的经验

1. 调整文化政策和文化法规做保障

文化政策是执政者在一定历史时期为实现一定的文化任务而规定的行动准则，是国家意志的集中体现。文化政策的制定和实施为文化立法提供

[①] 陈立旭. 改革开放以来的中国文化发展. 中共中央党校学报，1999 (1).
[②] 1996 年全国教育事业发展统计公报. (2006-03-23). http://www.edu.cn/edu/tjsi/zhsj/jiao_yu_fa_zhan/200603/t20060323_11628.shtml.
[③] 2002 年全国教育事业发展统计公报. (2003-05-13). http://www.moe.gov.cn/s78/A03/ghs_left/s182/moe_633/tnull_1553.html.
[④] 新中国 50 年系列分析报告之十九：科技事业蓬勃发展. (1999-09-28). http://www.stats.gov.cn/ztjc/ztfx/xzg50nxlfxbg/200206/t20020605_35977.html.
[⑤] 国家科学技术部发布 1997 年中国科技论文统计结果. 中国科技资源导刊，1998 (11).

了依据，文化法规是文化政策的固定化和法律化。随着经济调整政策的实施，党中央同时也注意了政治思想文化政策的调整。《中华人民共和国文化法规汇编1993—1996》统计，仅在这几年间，全国人大常委会通过文化专业法律1件，国务院发布和经国务院批准、由国务院工作部门发布文化行政法规及法规性文件10件，文化部发布行政规章及规章性文件84件，文化部发布实施文化行业标准7件，内容涵盖艺术、艺术教育、文化市场、社会文化、图书馆、文化科技、对外文化交流等多方面。这些政策法规为文化市场营造较好的市场环境提供了政策依据。

2. 弘扬主旋律与提倡多样化相统一

"弘扬主旋律，提倡多样化"是我国文化经历了20世纪80年代末至90年代初的震荡和冲突之后渐进形成和确立的关于文艺创作的基本政策。1991年3月1日，中共中央宣传部、文化部和广播电影电视部联合发布了《关于当前繁荣文艺创作的意见》，其中明确提出"坚持发展多样化"和"突出时代和生活的主旋律"[①]。1994年1月24日，江泽民在全国宣传思想工作会议上的讲话中，第一次提出了"弘扬主旋律，提倡多样化"[②]的政策概念。"主旋律"代表时代精神，"多样化"是指文化的表现方式、创作方式以及内容和风格的多样化。

中共中央宣传部自1992年起组织的精神文明建设"五个一工程"评选活动实际上就是在"弘扬主旋律，提倡多样化"的文艺政策。在我国文化建设重新定位与深化改革时期，"五个一工程"评选活动产生了一大批优秀的获奖作品，如理论文章《实现从"温饱"到"小康"的跨越》（原载1991年11月6日《人民日报》）、电影《走出地平线》（1992年）、电视剧《激情燃烧的岁月》（1999年）、话剧《孔繁森》（1997年）、图书《历史的天空》（2000年）等。这些作品充分反映了时代精神，在带给人艺术享受的同时，也提升了观众的思想意识和文化素质。

3. 平衡城市与农村的文化和谐发展

城市与农村不但经济发展不平衡，文化发展也存在较大的差异。针对

---

① 关于当前繁荣文艺创作的意见. 人民日报，1991-05-10.
② 江泽民. 在全国宣传思想工作会议上的讲话. 人民日报，1994-03-07.

这一现象，我国从20世纪90年代初开始实行文化扶贫，主要是从文化和精神层面给贫困地区以帮助，从而提高贫困地区人民素质，帮助其尽快摆脱贫困。扶贫不仅要扶物质，也要扶精神、扶智力、扶文化。1993年12月，文化扶贫委员会成立。1992年6月，由文化部发起，中宣部、国家计委、教育部等20个部委和人民团体共同建设的全国万里边疆文化长廊，大大丰富了边疆地区人们的文化生活，对边疆的经济发展、社会稳定也发挥着重要作用。农村则通过"万村书库"、"手拉手"、电视扶贫等工程，建立起卫星地面电视接收传播站和小型图书馆，让农民看上了图像清晰、声音洪亮的电视节目，让农村儿童看上了有教育意义的儿童剧，让贫困地区的村民看上了图书[1]，推动了地区经济的发展和科技文化知识的普及，对地方文化体系的构建起着至关重要的作用。

三、均衡发展与综合改革（2002—2012年）

党的十六大以后，以胡锦涛同志为总书记的党中央高度重视社会主义先进文化建设，提出了新的文化发展观、解放和发展文化生产力、提高建设社会主义先进文化的能力、建设社会主义和谐文化以及提高国家文化软实力等新思想、新观点和新论断，进一步丰富了文化发展战略思想的内容。

（一）文化理论的创新

从建设社会主义精神文明到建设社会主义先进文化与和谐文化，从深化经济体制改革和政治体制改革到深化文化体制改革，从经济、政治、文化"三位一体"到经济、政治、文化、社会"四位一体"，从文化是综合国力的重要标志到解放和发展文化生产力，从提高建设社会主义先进文化的能力到提高国家文化软实力，这一时期我们党对社会主义精神文明建设的特点和市场经济条件下中国特色社会主义文化建设的规律性认识不断加

---

[1] 文化扶贫．（2009-10-30）．http://www.chinavalue.net/wiki/文化扶贫.aspx．

深，对我国文化发展的地位、方向、动力、思路、格局和目的的认识达到了新的高度。

1. "树立新的文化发展观"

坚持以科学发展观统领文化发展大局，树立新的文化发展观是以胡锦涛同志为总书记的党中央对文化发展战略的指导思想。2006年9月，《国家"十一五"时期文化发展规划纲要》指出：要"坚持树立新的文化发展观，不断深化对文化发展的地位、方向、动力、思路、格局和目的的认识，冲破一切束缚文化发展的思想观念、做法、规定和体制机制性障碍，不断解放和发展文化生产力，促进文化与经济、政治、社会协调发展"[①]。

党的十六届四中全会提出加强党的执政能力建设的五大任务，其中之一就是不断提高建设社会主义先进文化的能力。党的十七大报告从中国特色社会主义"四位一体"的总体战略布局出发，从我国新时期新阶段科学发展、和谐发展、和平发展的需要出发，从保障人民文化权益、满足人民精神文化需求出发，对文化建设做出了新论断，提出了新要求[②]。这次报告，第一次在党的全国代表大会上向全党发出了"推动社会主义文化大发展大繁荣"，"兴起社会主义文化建设新高潮"的号召；第一次明确把文化作为国家软实力，在党的全国代表大会报告中作为重要任务提出来；第一次提出建设中华民族共有精神家园的目标，提出设立国家荣誉制度，让人民共享文化发展成果。这反映了我们党对文化发展的新认识，是我们加强文化发展战略研究的重要指导原则。

2. "建设和谐文化"

建设和谐文化是这一阶段文化理论的核心。和谐文化是中国共产党总结历史经验教训，科学分析国际国内形势，立足社会主义现代化建设的实践，汲取世界优秀文明成果基础上的又一次理论创新。所谓和谐文化，"是指一种以和谐为思想内核和价值取向，以倡导、研究、阐释、传播、实施、奉行和谐理念为主要内容的文化形态、文化现象和文化性状。它包

---

① 国家"十一五"时期文化发展规划纲要. 光明日报，2006-09-14.
② 高举中国特色社会主义伟大旗帜　为夺取全面建设小康社会新胜利而奋斗. 人民日报，2007-10-25.

括思想观念、价值体系、行为规范、文化产品、社会风尚、制度体制等多种存在方式"①。2006年10月,十六届六中全会对构建社会主义和谐社会做出系统阐述。全会通过的《中共中央关于构建社会主义和谐社会若干重大问题的决定》明确指出:"建设和谐文化,是构建社会主义和谐社会的重要任务。社会主义核心价值体系是建设和谐文化的根本。"②同年,时任中宣部部长的刘云山以《建设和谐文化 巩固社会和谐的思想道德基础》为题,进一步论述了和谐文化建设的紧迫性、建设内容以及建设措施等重大理论问题,并明确指出:"提出建设和谐文化,是我们党的一个重大理论创新"③。之后,党的十七大报告指出:"和谐文化是全体人民团结进步的重要精神支撑",并提出"建设和谐文化,培育文明风尚"的目标④。

3."提高国家文化软实力"

文化软实力是国家文化的总体实力和国际竞争力。国家文化软实力对内是一种凝聚力、向心力、传播力、创造力和生命力,对外是一种辐射力、影响力、吸引力、亲和力和感召力。2006年11月10日,胡锦涛在第八次文代会、第七次作代会上的讲话指出:"创造民族文化的新辉煌,增强我国文化的国际竞争力,提升国家软实力,是摆在我们面前的一个重大现实课题。"⑤

党的十七大报告明确提出:"当今时代,文化越来越成为民族凝聚力和创造力的重要源泉、越来越成为综合国力竞争的重要因素","要坚持社会主义先进文化的前进方向,兴起社会主义文化建设新高潮,激发全民族文化创造活力,提高国家文化软实力,使人民基本文化权益得到更好保障,使社会文化生活更加丰富多彩,使人民精神风貌更加昂扬向上"⑥。把

---

① 李忠杰. 论建设和谐文化. 光明日报,2006-10-16.
② 中共中央关于构建社会主义和谐社会若干重大问题的决定. 求是,2006(20).
③ 刘云山:建设和谐文化 巩固社会和谐的思想道德基础. 人民日报,2006-10-24.
④ 高举中国特色社会主义伟大旗帜 为夺取全面建设小康社会新胜利而奋斗. 人民日报,2007-10-25.
⑤ 胡锦涛. 在中国文联第八次全国代表大会 中国作协第七次全国代表大会上的讲话. 人民日报,2006-11-11.
⑥ 同④.

文化建设新风貌

"国家文化软实力"作为一个重要命题正式写入党的全国代表大会报告，这充分反映了我们党对当今世界文化发展的历史趋势和我国文化发展方位的科学把握，体现了在新的历史条件下的高度文化自觉，是在文化建设领域总结历史、面向世界、着眼未来做出的重要论断，表明党和国家正把提高国家文化软实力、推进社会主义文化大发展大繁荣作为增强综合国力和实现中华民族伟大复兴的新的战略着眼点。

（二）文化实践的成果

1. 文化体制改革快速发展

这一时期是文化管理体制改革的快速发展时期，在理念上明确了政府管理、行业自律和企事业单位依法运营的管理体制改革方向，并对文化事业和文化产业两种不同类型的文化经营单位规定了不同的管理体制，体现了文化体制改革的有序推进。从2002年11月党的十六大做出继续深化文化体制改革、积极发展文化事业和文化产业的战略部署，到2010年7月胡锦涛在中央政治局第二十二次集体学习时提出"顺应时代要求深化文化体制改革，推动社会主义文化大发展大繁荣"[1]，我国深化文化体制改革的清晰脉络被勾勒出来。

2003年6月，包括深圳在内的9个地区和35个文化单位成为文化体制改革试点。试点地区和单位积极培育市场主体、深化内部改革、转变政府职能、建立市场体系。2005年底，中共中央、国务院下发《关于深化文化体制改革的若干意见》。2006年3月，中央召开全国文化体制改革工作会议，新确定了全国89个地区和170个单位作为文化体制改革试点[2]。文化体制改革在稳步推进的基础上，走上全面推开的新里程。2006年9月，中共中央办公厅、国务院办公厅印发《国家"十一五"时期文化发展规划纲要》，对"十一五"时期文化发展的指导思想、方针原则、目标任务做出全面阐述，对进一步加快文化建设、推动文化体制改革做出部署。2007

---

[1] 中共中央政治局就深化我国文化体制改革研究问题进行第二十二次集体学习. (2010-07-23). http://politics.people.com.cn/GB/1026/16017717.html.

[2] 体制机制创新激发文化发展活力. 人民日报，2008-01-21.

年11月,党的十七大从中国特色社会主义事业"四位一体"总体布局的战略高度,提出兴起社会主义文化建设新高潮、推动社会主义文化大发展大繁荣的战略任务。

2. 文化产业成为新的经济增长点

自"文化产业"一词在2000年10月《中共中央关于制定国民经济和社会发展第十个五年计划的建议》这一中央文件中正式出现后,我国文化产业从无到有,从无序竞争向有序和自觉的产业发展迅猛推进,对国民经济和社会的贡献与日俱增。

此后陆续出台一系列鼓励发展文化产业的政策措施:2000年10月,党的十五届五中全会第一次提出要"完善文化产业政策,加强文化市场建设和管理,推动有关文化产业发展"①;2002年11月,党的十六大在规划全面建设小康社会宏伟蓝图时,突出强调文化建设的重要性,明确提出积极发展文化事业和文化产业,继续推进文化体制改革。2003年7月,中办、国办转发《中宣部、文化部、国家广电总局、新闻出版总署关于文化体制改革试点工作的意见》,开始进行文化体制改革试点。2004年,文化部推出35个试点单位和9个综合试点省市,对文化单位进行公益性事业与经营性产业的分类②。2006年,中共中央、国务院发出《关于深化文化体制改革的若干意见》,指出文化体制改革的目标任务:以发展为主题,以改革为动力,以体制机制创新为重点,形成科学有效的宏观文化管理体制,富有效率的文化生产和服务的微观运行机制,以公有制为主体、多种所有制共同发展的文化产业格局和统一、开放、竞争、有序的现代文化市场体系;要形成完善的文化创新体系,形成以民族文化为主体、吸收外来有益文化,推动中华文化走向世界的文化开放格局③。同年,《国家"十一五"时期文化发展规划纲要》对文化产业的发展做出更明确、更开放的发展规划,确定了一批"重点发展的文化产业门类"。

文化产业的迅猛发展有力地推动了我国经济和社会发展。以2008年为

---

① 中共中央关于制定国民经济和社会发展第十个五年计划的建议. 人民日报,2000-10-19.
② 文化部部长蔡武访谈:鼓励民资进入文化产业. (2012-04-13). http://finance.sina.com.cn/china/bwdt/20120413/183511821760.shtml.
③ 关于深化文化体制改革的若干意见. 人民日报,2006-01-13.

例，根据国家统计局《2008年我国文化产业发展情况的报告》，截止到2008年底，我国文化产业从业人员总数为1 182万人，增加186万人，增长18.6%，占全国从业人员的1.53%，占城镇从业人员的3.91%①。这说明，文化产业不仅成为新的经济增长点，而且在吸收就业方面的社会效益日益凸显。

3. 公共文化服务体系全面升级

加强公共文化服务体系的建设是当时我国提高文化软实力的迫切要求。2003年，中国共产党十六届三中全会提出：要完善政府的社会管理和公共服务职能，为全面建设小康社会提供强有力的体制保障②。2007年，温家宝总理在十届全国人大五次会议的《政府工作报告》中强调，要"着眼于满足人民群众文化需求，保障人民文化权益，逐步建立覆盖全社会的公共文化服务体系"③。不久，中办、国办下发了《关于加强公共文化服务体系建设的若干意见》，明确了公共文化服务体系建设的指导思想和目标任务，提出要按照结构合理、发展均衡、网络健全、运行有效、惠及全民的原则，努力建设以公共文化产品生产供给、设施网络、资金人才技术保障、组织支撑和运行评估为基本框架的覆盖全社会的公共文化服务体系。这些重要文件的下发，充分体现了党中央、国务院对文化事业的高度重视，为进一步推动文化工作指明了方向。

城乡文化基础设施建设大大加快，以国家大剧院、国家博物馆、国家图书馆为代表的一大批标志性骨干文化设施在大中城市建成使用。与此同时，各级政府加大了对农村地区、西部地区、边疆和少数民族地区文化基础设施建设的扶持力度。"十一五"期间基本实现了"县县有图书馆、文化馆"的目标。1978年我国有公共图书馆1 218座，博物馆349座，至2007年底，全国共有图书馆2 799座，博物馆1 722座④。自2008年起，全国文化、文物系统博物馆、纪念馆陆续向社会免费开放，标志着我国公

---

① 2008年我国文化产业发展情况的报告（摘要）. (2010-05-14). http://www.stats.gov.cn/ztjc/ztfx/fxbg/201005/t20100514_16136.html.
② 中共十六届三中全会在京举行. 人民日报，2003-10-15.
③ 温家宝总理在十届全国人大五次会议上的政府工作报告（摘登）. 人民日报，2007-03-06.
④ 蔡武. 改革开放三十年中国文化的发展. 人民日报，2008-12-04.

共文化服务水平迈上一个新台阶。

4. 对外文化交流长足进步

对外文化交流是推动中华文化走向世界的重要途径。2010年，胡锦涛在中共中央政治局第二十二次集体学习时的重要讲话中强调，要精心打造中华民族文化品牌，提高我国文化产业国际竞争力，推动中华文化走向世界。这一阶段，我国对外文化交流正在向更广的空间和更多的层次发展。初步形成了政府力量为主导，包括社会组织、民间力量在内的多层次文化交流主体，同世界上多数国家开展文化交流主题活动、文化论坛、对外教育、对外广播和影视等多种形式和多层次的文化交流，从不同视角和层面展示和推介中华文化，提高中华文化的吸引力。我国在2011年制定并实施了近800个年度文化交流执行计划。在对外媒体传播上，仅在2007年，"新华社海外有效用户增加到14 500多家，新闻信息产品已进入200多个国家和地区"[1]。

5. 文化遗产保护更被重视

国务院自2006年起设立"文化遗产日"，充分体现了党和国家对保护文化遗产的高度重视和战略远见，有助于提高人民群众对文化遗产保护重要性的认识，增强全社会的文化遗产保护意识。2003年启动"中国民族民间文化保护工程"，至2010年，国务院公布了两批国家级非物质文化遗产名录项目1 028项，初步建立国家、省、市、县四级非物质文化遗产保护名录体系。闽南、徽州、热贡和羌族文化生态保护实验区4个国家级文化生态保护实验区先后设立，探索文化生态的整体保护取得可喜进展。至2012年，中国拥有世界遗产43项，位列世界第三。全国非物质文化遗产普查工作取得阶段性成果，共收集珍贵实物和资料29万件，普查文字记录20亿字，拍摄图片477万张，普查资源总量近87万项[2]。非物质文化遗产保护名录和代表传承人保护体系不断完善，保护水平不断提高、成效更加显著。入选联合国教科文组织"人类非物质文化遗产代表作名录"和"急

---

[1] 何翔. 我国对外传播存在的问题及解决途径. 当代传播，2008（5）.
[2] 非物质遗产：大力建设中国特色保护体系.（2012-12-31）. http://culture.people.com.cn/n/2012/1031/c172318_19446050.html.

需保护的非物质文化遗产名录"总数位列世界第一。

(三) 文化建设的经验

1. 勇于创新

改革开放以来,文化的发展历程就是不断解放思想、改革创新的历程。十一届三中全会以后,文化创新体现在理论、内容形式、体制机制、方法手段、科技等各方面。党的十六大报告指出,创新是一个民族进步的灵魂,是一个国家兴旺发达的不竭动力,也是一个政党永葆生机的源泉,并强调要进行理论创新、制度创新、科技创新、文化创新。文化创新是关键性创新。"实践基础上的理论创新是社会发展和变革的先导","在内容和形式上积极创新,不断增强中国特色社会主义文化的吸引力和感召力"[1]。以解放思想促转变观念、以转变观念促改革创新、以改革创新促文化发展,这是历史给我们的深刻启示。

2. 实施分类指导

党的十六大报告第一次把文化事业和文化产业作为两个概念提出来,这在文化理论上是一个重大突破。文化事业单位主要承担的是政府交给的为公众提供公共文化服务的重要任务,主要靠政府扶持、社会赞助;文化产业单位则主要面向市场,依法经营,自我积累,自我发展,依靠政府政策的宏观调控。《关于深化文化体制改革的若干意见》指出:"推进文化事业单位改革,要根据现有文化事业单位的性质和功能,区别对待、分类指导,明确不同的改革要求。"[2] 对国家重点京剧、昆剧院团,为少数民族服务的艺术团体,涉及文化艺术遗产保护的团体仍由国家财政保证;对于转企改制的院团,国家采取"扶上马,送一程"政策。分类指导管理,让文化市场更好地发挥了作用。

3. 坚持服务人民

文化属于人民。文化发展的根本目的是满足人民群众不断增长的文化需求,保证人民的基本文化权益。改革开放以来,文化工作始终坚持"为

---

[1] 全面建设小康社会 开创中国特色社会主义事业新局面. 人民日报,2002-11-09.
[2] 关于深化文化体制改革的若干意见. 人民日报,2006-01-13.

人民服务，为社会主义服务"的方向和"百花齐放、百家争鸣"的方针，充分尊重人民群众在文化建设中的主体地位，充分发挥广大文化工作者的积极性、主动性和创造性，充分尊重人民群众文化消费的自主性和选择权，从而实现文化的繁荣与发展。尊重知识、尊重劳动、尊重文化创造、尊重文化人才，是保持文化持续发展的内在要求。

4. 坚持开放带动

文化建设坚持开放带动，就是要积极对外开放，借鉴一切有益文化，推动我国文化建设的发展。改革开放以来，我国文化领域对外开放的规模和范围空前扩大，广度和深度不断拓展，内容和形式更加丰富，渠道和层次更加多样，整个对外文化工作呈现出一种全方位交流的开放态势，并初步形成了以政府为主导、以民间交流为主体、以市场机制为杠杆的文化开放新格局。这一阶段，持续积极吸引民营资本和海外资本参与文化建设，形成公有制为主体、多种所有制共同发展的文化产业格局和以民族文化为主体、吸收外来有益文化的文化对外开放格局。

四、注重创造与全面提高（2012年至今）

党的十八大以来，以习近平同志为核心的党中央高度重视社会主义文化建设，牢牢掌握意识形态工作领导权、管理权、话语权，大力培育和践行社会主义核心价值观，提高全民族思想道德水平，推动文化事业全面繁荣和文化产业快速发展。党的十九大报告中指出："文化是一个国家、一个民族的灵魂。文化兴国运兴，文化强民族强。""发展中国特色社会主义文化，就是以马克思主义为指导，坚守中华文化立场，立足当代中国现实，结合当今时代条件，发展面向现代化、面向世界、面向未来的，民族的科学的大众的社会主义文化，推动社会主义精神文明和物质文明协调发展。"①

---

① 决胜全面建成小康社会　夺取新时代中国特色社会主义伟大胜利. 人民日报，2017-10-28.

（一）文化理论的创新

1. "社会主义文化强国"

党的十七届六中全会第一次做出建设社会主义文化强国的战略部署，在国内国际上引起了热烈反响，得到了全党全社会的积极回应。建设社会主义文化强国目标的提出，是探索中国特色社会主义文化的结晶，是全面建成小康社会的要求，是实现中华民族伟大复兴的必然。党的十八大提出在未来建设社会主义文化强国的新思路：必须走中国特色社会主义文化发展道路，坚持为人民服务、为社会主义服务的方向，坚持百花齐放、百家争鸣的方针，坚持贴近实际、贴近生活、贴近群众的原则，推动社会主义精神文明和物质文明全面发展，建设面向现代化、面向世界、面向未来的，民族的科学的大众的社会主义文化[①]。

习近平强调："实现中国梦必须弘扬中国精神"，要"大力弘扬伟大的民族精神和时代精神"[②]。当前，中国共产党为之努力、为之拼搏的一项伟大事业就是，实现中华民族伟大复兴中国梦。作为实现中华民族伟大复兴中国梦"五位一体"总体布局中的重要组成部分，文化理论与实践发展具有十分重要的意义。为此，习近平强调加强文化建设是中国共产党的一项重要战略使命。

2. "社会主义核心价值观"

党的十八大报告从国家、社会和公民三个层面对社会主义核心价值观进行了全面阐述，将培育和践行社会主义核心价值观作为党的文化工作的一项长期战略任务，这是新时代文化建设的核心内容。

2014年5月4日，习近平在同北京大学师生座谈时指出："人类社会发展的历史表明，对一个民族、一个国家来说，最持久、最深层的力量是全社会共同认可的核心价值观。核心价值观，承载着一个民族、一个国家的精神追求，体现着一个社会评判是非曲直的价值标准。"[③] 核心价值观是

---

① 坚定不移沿着中国特色社会主义道路前进　为全面建成小康社会而奋斗. 人民日报，2012-11-09.
② 习近平. 实现中国梦必须弘扬中国精神. 浙江日报，2017-08-25.
③ 习近平. 创造中华文化新的辉煌. 人民日报，2014-07-09.

决定文化最深层次的要素，是一个国家的重要稳定器。确立反映广大人民群众共同认同的价值观"最大公约数"，对于促使广大人民群众同心同德、团结奋进，具有重要的价值意义。它关乎国家前途命运，它关乎人民幸福安康。党的十九大报告提出："发挥社会主义核心价值观对国民教育、精神文明创建、精神文化产品创作生产传播的引领作用，把社会主义核心价值观融入社会发展各方面，转化为人们的情感认同和行为习惯。"[①] 培育、践行社会主义核心价值观是中国特色文化建设的关键和核心内容。中国特色社会主义文化建设必须坚守社会主义核心价值观。

3. "传统文化的'双创'"

中国优秀传统文化为中国特色社会主义的形成、丰富和发展奠定了深厚的文化基础。习近平在"8·19"重要讲话中提出"中国特色社会主义植根于中华文化沃土"[②]，同时也指出中国特色社会主义的形成并不是偶然的，而是由我国历史传承和文化传统决定的。他明确强调，中国文化建设必须坚持"古为今用、洋为中用"的基本方针，要认真汲取中华传统文化的精华，要充分吸收人类文明优秀成果。习近平在中央党校建校80周年庆祝大会上明确指出："我们不仅要了解中国的历史文化，还要睁眼看世界，了解世界上不同民族的历史文化，去其糟粕，取其精华"[③]。在长期历史演变中形成、发展并流传下来的中华优秀传统文化，是中华传统文化的精髓、核心，是中华民族的精神支柱，是核心价值观的重要思想源泉。在习近平看来，既要创造性地转化中华优秀传统文化适应当代中国发展，又要创造性地发展中华优秀传统文化并赋予其时代的特点。在中共中央政治局第十二次集体学习时，习近平明确指出："要继承和弘扬我国人民在长期实践中培育和形成的传统美德……努力实现中华传统美德的创造性转化、创新性发展"[④]。

---

① 决胜全面建成小康社会 夺取新时代中国特色社会主义伟大胜利. 人民日报，2017-10-28.
② 习近平. 胸怀大局把握大势着眼大事 努力把宣传思想工作做得更好. 人民日报，2013-08-21.
③ 习近平. 在中央党校建校80周年庆祝大会暨2013年春季学期开学典礼上的讲话. 人民日报，2013-03-03.
④ 习近平. 建设社会主义文化强国 着力提高国家文化软实力. 人民日报，2014-01-01.

（二）文化实践的成果

党的十八大以来，文化改革发展进入了一个新阶段，落实和完善文化经济政策面临新要求。党的十八大和习近平一系列重要讲话，赋予了文化建设新的使命、新的要求：实现"两个一百年"的奋斗目标，文化既是重要内容，又是重要支撑；实现中华民族伟大复兴的中国梦，需要文化的引领凝聚，需要强大的精神力量。围绕这一要求，这一阶段文化建设实践取得了飞跃。

1. 建立健全了现代文化市场体系

随着社会主义市场经济体制的不断完善，文化的繁荣发展越来越离不开市场，越来越需要发挥市场在文化资源配置中的积极作用。2013年，《中共中央关于全面深化改革若干重大问题的决定》发布，指出要构建统一开放竞争有序的现代文化市场体系，进一步打破文化市场条块分割、地区封锁、城乡分离的传统格局，完善文化市场准入和退出机制，鼓励各类市场主体公平竞争、优胜劣汰，促进文化资源在全国范围内流动[①]。

党的十八大以来，文化部不断深化文化市场领域简政放权、放管结合、优化服务改革，稳妥有序扩大文化市场对外开放，先后出台了《娱乐场所管理办法》《艺术品经营管理办法》《网络表演经营活动管理办法》等一系列文化市场政策法规，先后取消和下放了9项文化市场行政审批事项，文化市场14类主体的设立审批全部实施"先照后证"管理，推动行政审批规范化，并对各地开展专项督查，打通政策落地"最后一公里"，有效地激发文化市场活力。国家统计局数据统计：2016年全国文化及相关产业增加值从2012年的18 071亿元增加到30 785亿元，首次突破3万亿元，占GDP的比重从2012年的3.48%提高到4.14%[②]。全国文化事业费770.69亿元，比2012年增长60.5%[③]。从2012年到2016年，我国电影故事片产

---

① 中共中央关于全面深化改革若干重大问题的决定. 人民日报，2013-11-16.
② 文化消费升势强劲文化产业发展迅速. (2017-06-22). http://www.xinhuanet.com/politics/2017_06/22/c_1121191469.htm.
③ 文化部2016年文化发展统计公报发布. (2017-05-15). https://www.sohu.com/a/140-695069_543931.

量从 745 部增长到 772 部，电影票房从 170 亿元增长到 493 亿元；电视剧生产量连年稳居世界第一，2016 年达到 334 部 1.5 万集；图书出版从 2012 年的 41.4 万种、79.3 亿册，增加到 2016 年的 49.9 万种、90.4 亿册①。

2. 完善了文化经济政策

文化经济政策是文化宏观管理的重要手段，也是文化繁荣发展的有力保障，对文化产业和文化市场具有重要的扶持、激励和引导、调控作用。党的十八大以来，出台了《电影产业促进法》《关于支持电影发展若干经济政策的通知》《关于支持戏曲传承发展若干政策的通知》等法律及政策性文件，改进国家艺术基金、国家出版基金、电影精品专项资金、文化产业发展专项资金等的运行机制，加大对优秀产品的引导扶持力度。制定《关于全国性文艺评奖制度改革的意见》，将全国性节庆活动中文艺评奖压缩 12.5%、常设全国性文艺评奖压缩 5%，文艺评奖的权威性和引导力大大提高。此外，还加大公共财政对文化建设的投入，2016 年全国文化事业费 770.69 亿元，文化事业费占财政总支出的比重为 0.41%，比上年均有提高②。

3. 构建了现代公共文化服务体系

2015 年 1 月，中办、国办印发《关于加快构建现代公共文化服务体系的意见》，首次把标准化均等化作为重要制度设计和工作抓手，确定了 14 个小类 22 条基本公共文化服务具体标准③。2016 年底，《公共文化服务保障法》经全国人大常委会审议通过，将公共文化建设纳入法治化、规范化轨道。这是首次以法律形式规范和界定各级政府及有关部门在公共文化服务中的责任和义务。

2012—2017 年，中央财政投入 16 亿元支持 214 个地市级公共图书馆、博物馆和文化馆新建和改扩建④。文化部等联合印发《关于推进县级文化馆

---

① 坚定文化自信　创造中华文化新辉煌：党的十八大以来文化建设成就综述．（2017-10-04）．http://www.xinhuanet.com/2017/10/04/c_1121762508.htm.
② 文化部 2016 年文化发展统计公报发布．（2017-05-15）．https://www.sohu.com/a/140-695069_543931.
③ 改革激发中华文化精气神：党的十八大以来文化体制改革述评．光明日报，2017-07-24.
④ 同①.

图书馆总分馆制建设的指导意见》，将县级文化馆、图书馆的优质资源输送到乡村。公共文化服务机构免费开放工作深入开展，全国美术馆、公共图书馆、文化馆（站）全部免费开放，基本项目健全并免费。2016年，全国公共图书馆总藏量9亿册，全国群众文化机构从业人员182 030人，全年全国群众文化机构共组织开展各类文化活动183.97万场次，比上年增长10.6%[1]。

尤其加大了基层公共服务体系建设。以2018年为例，注重开展乡镇综合文化站专项治理，完成第三批国家公共文化服务体系示范区（项目）验收；持续开展全国基层文化队伍培训，培训人数超50万人次；大力开展戏曲进乡村工作，为国家级贫困地区12 984个乡镇配送了77 094场文艺演出；举办第七届中国农民歌会、第九届中国少年儿童合唱节，开展"歌声伴着我成长"第五批全国新创少儿歌曲征集推广活动；持续开展面向革命老区、边疆地区、民族地区、贫困地区的"春雨工程""阳光工程""圆梦工程"文化志愿服务活动等[2]。基层群众精神文化生活进一步丰富，文化获得感进一步提升。

4. 加大了文化遗产保护力度

2016年，国家文物局印发《关于促进文物合理利用的若干意见》，推动相关部门联合印发《"互联网＋中华文明"三年行动计划》，发布《关于加强革命文物工作的通知》，开展革命旧址维修保护三年行动计划，认定第四批国家级非遗代表性项目和代表性传承人，设立国家级文化生态保护实验区和生产性保护示范基地，实施非遗传承人群研修研习培训计划，提高传承能力、扩大传承队伍，完善非遗保护传承体系。第三次全国文物普查结果显示，我国有不可移动文化遗产76万多处，重点文物保护单位4 200多处，可移动文物4 000多万件。国家评定的珍贵文物417万件，国家级非物质文化遗产1 370多项[3]。传统节日、自然和文化遗产日等期间

---

[1] 文化部2016年文化发展统计公报发布. (2017-05-15). https://www.sohu.com/a/140695069_543931.

[2] 中华人民共和国文化和旅游部2018年文化和旅游发展统计公报. (2019-05-30). http://zwgk.mct.gov.cn/auto255/201905/t20190530_844003.html? keywords=.

[3] "十二五"以来特别是党的十八大以来我国文化改革发展的辉煌成就. 光明日报，2015-10-10.

的文化遗产展示展演活动彰显魅力，成都国际非遗节、中国非遗博览会等展会广受关注，丝绸之路、花山岩画、珠算、二十四节气等项目申报世界遗产和人类非物质文化遗产名录连获成功，全社会保护文化遗产的自觉意识全面提升。

5. 扩大了对外文化交流领域

扩大文化领域对外开放，是推动中华文化"走出去"、提升国家文化软实力的迫切需要，也是吸收各国优秀文明成果、促进文化繁荣发展的必然选择。党的十八大以来，《关于进一步加强和改进中华文化走出去工作的指导意见》《关于加快发展对外文化贸易的意见》等文件印发。2016年，文化部出台《"一带一路"文化发展行动计划（2016—2020年）》。同年9月，23个国家文化部长或代表受邀出席丝绸之路文博会文化部长圆桌会议并通过了《敦煌宣言》，与沿线国家开展交流的机制化水平不断提升。2016年，我国文化产品出口额786.6亿美元，文化体育和娱乐业对外直接投资39.2亿美元[①]；图书版权输出1万种，输出和引进品种比例为1∶1.6；上半年中国电影海外票房及销售收入已达27.26亿元[②]。

加强对外话语体系建设，用鲜活故事生动阐释中国发展道路的深刻内涵和独特优势。《习近平谈治国理政》以22个语种、25个版本在海内外发行625万册，中国理念、中国制度、中国方案得到越来越多国家和地区的理解和认可。用中医药、中国美食、中国园林、中国功夫等文化名片，打造对外交流品牌，增进中华文化亲和力感染力。截至2016年底，我国已和"一带一路"沿线的60多个国家全部签订了政府间文化交流合作协定；已在140个国家建立了511所孔子学院、1073个孔子课堂，建成海外中国文化中心30个、中国馆14个[③]。讲好中国故事，传播好中国声音，文化"走出去"力度空前加大。

---

① 文化产业扩大开放需拓宽渠道. (2017-03-15). http://www.ce.cn/culture/gd/2017-03/15/t20170315_21010480.shtml.
② 党的十八大以来文化体制改革成果述评. (2017-07-25). http://news.sina.com.cn/o/2017-07-25/doc-ifyihrwk2304259.shtml.
③ 同②.

（三）文化建设的经验

1. 发挥党在文化建设中的作用

中国特色文化建设是一项系统工程，需要党的高度重视，需要充分发挥广大党员干部的模范带头作用。加强中国特色文化建设，必须切实提高中国共产党领导文化建设的能力和水平。习近平在 2013 年全国宣传思想工作会议上的讲话中强调："各级党委要负起政治责任和领导责任……不断提高领导宣传思想工作能力和水平。"[1] 充分发挥广大党员干部在文化建设中的重要作用，是社会主义文化建设的一个重要条件支撑，也是中国共产党人关于社会主义文化建设的一个鲜明特点。

2. 坚持文化建设的"人民性"

人民性是社会主义文化的本质属性。党的十八大明确提出以人民为中心的工作导向。这一思想贯穿于对文化强国建设的各项要求之中，反复出现在习近平关于文化建设问题的论述中。这一阶段，文化发展始终坚持以人民为中心的工作导向，坚持文化服务人民、文化讴歌人民、文化扎根人民、文化依靠人民，把服务群众同教育引导群众结合起来，把满足需求同提高素养结合起来，把体现党的主张和反映人民心声统一起来，形成了休戚与共的命运共同体、血肉共同体和精神共同体。

3. 传承和弘扬中华优秀传统文化

党的十八大以来，习近平就中国优秀传统文化的价值和意义多次进行阐述并提出了许多重要论断，将党关于重视运用优秀传统文化以推动党的建设、中国特色社会主义建设的理论实践提升到一个新高度。坚定文化自信、提高文化软实力和话语权的坚实根基和突出优势，就在于中国优秀传统文化。习近平指出，坚定中国特色社会主义道路自信、理论自信、制度自信，说到底是要坚定文化自信。文化自信是更基本、更深沉、更持久的力量，文化自信，是更基础、更广泛、更深厚的自信[2]。

---

[1] 习近平. 胸怀大局把握大势着眼大事 努力把宣传思想工作做得更好. 人民日报，2013-08-21.

[2] 坚定文化自信 增强文化自觉（基层代表委员议国事）. 人民日报，2017-03-09.

4. 突出文化的社会效益

党的十八大报告提出,要坚持把社会效益放在首位,社会效益和经济效益相统一,推动文化事业全面繁荣,文化产业快速发展。报告还提出要加快推进文化惠民工程,推动公共文化服务设施向社会免费开放[1]。十八届三中全会提出"构建现代公共文化服务体系"[2]。十八届四中全会提出,要制定《公共文化服务保障法》。2015年初,中办、国办印发《关于加快构建现代公共文化服务体系的意见》,对现代公共文化服务体系建设进行了顶层设计。2015年9月,中办、国办印发《关于推动国有文化企业把社会效益放在首位、实现社会效益和经济效益相统一的指导意见》,明确把社会效益第一、社会价值优先的经营理念体现到企业章程和各项规章制度中,把实现"双效统一"作为制度固化于企业发展过程中。实践证明,在社会主义市场经济背景下,只有把社会效益放在首位,才能确保企业文化发展的正确方向。

---

[1] 坚定不移沿着中国特色社会主义道路前进 为全面建成小康社会而奋斗. 人民日报,2012-11-09.

[2] 中国共产党第十八届中央委员会第三次全体会议公报. 人民日报,2013-11-13.

第二章　社会主义核心价值观建设取得新突破

改革开放四十年来,全国各族人民在党的带领下团结奋进,社会主义核心价值观建设不断取得新突破,思想理论体系不断开拓创新,社会主义核心价值体系不断完善。党的十九大报告深刻阐述了社会主义核心价值观的丰富内涵和实践要求,对培育和践行社会主义核心价值观做出许多新的重大部署,充分反映了我们党在价值理念和价值实践上达到了一个新的高度。

一、社会主义核心价值观的提出

社会主义核心价值观是当代中国精神的集中体现,凝结着全体人民共同的价值追求。党的十八大报告明确提出,"倡导富强、民主、文明、和谐,倡导自由、平等、公正、法治,倡导爱国、敬业、诚信、友善,积极培育和践行社会主义核心价值观"。培育和践行社会主义核心价值观,是新时代坚持和发展中国特色社会主义的重大任务,是进行伟大斗争、建设伟大工程、推进伟大事业、实现伟大梦想的铸魂工程。

第二章　社会主义核心价值观建设取得新突破

（一）社会主义核心价值观的萌芽

1949年10月，新中国成立。1956年底，我国的社会主义三大改造基本完成，标志着我国确立了社会主义基本政治制度、基本经济制度和以马克思主义为指导思想的社会主义意识形态，为社会主义核心价值观建设奠定了政治前提、物质基础和文化条件。以毛泽东同志为核心的党的第一代中央领导集体，带领全国各族人民，取得了新民主主义革命的胜利，建立了新中国，进行了社会主义改造。在这个过程中虽然没有明确地提出社会主义核心价值观的概念，但这一内涵丰富的思想早已包含在党的路线、纲领、方针政策以及社会革命、社会建设的探索之中。

毛泽东始终坚持把人民群众的根本利益作为党一切言行的出发点和落脚点，带领全国各族人民进行着艰苦卓绝的革命和建设。他在《为人民服务》一文中指出：我们的共产党和共产党所领导的八路军、新四军是革命的队伍，我们这个队伍完全是为着解放人民的，是彻底地为人民的利益工作的。毛泽东将平等作为重要的追求。民主是政治平等的重要保障，毛泽东非常重视人民民主，力求克服官僚主义，保障人民当家作主的权利。毛泽东坚持强调生产资料公有制，为了实现社会平等，以毛泽东同志为核心的党的第一代中央领导集体进行了一系列探索，对于推动社会平等起到了积极作用。党中央坚持以共同富裕作为社会主义价值追求，并深入探索，形成了一系列的新认识。毛泽东在1955年7月一篇名为《关于农业合作化问题》的报告中第一次提出了共同富裕的概念："实行合作化，在农村中消灭富农经济制度和个体经济制度，使全体农村人民共同富裕起来。"[①] 不仅如此，他还明确提出了加快公有制建设是实现共同富裕的根本保证、大力发展生产力是实现共同富裕的物质基础等重要论断。

（二）社会主义核心价值观的初步形成

改革开放以来，我国社会主义意识形态建设不断进行新的探索，提出

[①] 毛泽东文集：第6卷. 北京：人民出版社，1999：437.

了从建设社会主义核心价值体系到以"三个倡导"为内容、积极培育和践行社会主义核心价值观的重要论断和战略任务。

党的十一届三中全会以来,我们党坚持把马克思主义与改革开放和我国社会主义建设伟大实践相结合,在科学继承马克思列宁主义、毛泽东思想的基础上,不断推进马克思主义中国化,形成了中国特色社会主义理论体系,马克思主义在意识形态领域的指导地位不断巩固。以邓小平同志为核心的党的第二代中央领导集体,同样没有直接运用过"社会主义价值观"这一概念,但在谈到相关问题时,经常使用"价值""价值观"等概念。事实上,对"什么是社会主义""怎样建设社会主义"等基本理论问题的思考和回答,本身就包含着非常深刻的价值思考,并在改革开放和现代化建设过程中付诸实践,这实际上是对社会主义价值观的实践性探索。

1992年,邓小平在南方谈话中,提出了"三个有利于"的重要论断:"判断的标准,应该主要看是否有利于发展社会主义社会的生产力,是否有利于增强社会主义国家的综合国力,是否有利于提高人民的生活水平。"① 这个论断具有内在的关联性,构成了有机统一的整体,体现了从实际出发和从人民利益出发的统一、真理标准与价值标准的统一。

以江泽民同志为核心的党的第三代中央领导集体提出的"三个代表"重要思想,实际上已经触及了社会主义的核心价值观问题。"三个代表"重要思想是在科学判断党的历史方位的基础上提出的,是马克思列宁主义、毛泽东思想和邓小平理论的继承和发展。始终代表中国最广大人民的根本利益,这是"三个代表"重要思想的主要内容,显示了共产党人的一切行动的最终目的和宗旨。"党除了最广大人民的利益,没有自己特殊的利益"②。不仅如此,党始终代表中国先进文化的前进方向,体现了发展社会主义文化、建设精神文明的最高价值目标。党和国家提倡加强社会主义道德建设,发扬爱国主义、集体主义、社会主义的思想和精神,大力倡导一切有利于改革开放和现代化建设的思想和精神,大力倡导一

---

① 邓小平文选:第3卷.北京:人民出版社,1993:372.
② 江泽民.在庆祝中国共产党成立八十周年大会上的讲话.北京:人民出版社,2001:23.

切有利于民族团结、社会进步、人民幸福的思想和精神，大力倡导一切用诚实劳动争取美好生活的思想和精神，并强调注重发扬艰苦奋斗的精神。

党的十六大以后，以胡锦涛同志为总书记的党中央，针对经济全球化趋势、科学技术新一轮转型以及生态环境持续恶化等一系列世界新形势，提出了在不断推进中国特色社会主义物质文明和精神文明建设的同时，努力开拓中国特色社会主义政治文明建设新思路，提出并确立了建设社会主义和谐社会的科学发展观。2006年3月，胡锦涛总书记在第十届中国人民政治协商会议第四次会议的民盟、民进联组会上发表的讲话中提出了"八荣八耻"的社会主义荣辱观，强调要引导广大干部群众特别是青少年树立社会主义荣辱观，坚持以热爱祖国为荣、以危害祖国为耻，以服务人民为荣、以背离人民为耻，以崇尚科学为荣、以愚昧无知为耻，以辛勤劳动为荣、以好逸恶劳为耻，以团结互助为荣、以损人利己为耻，以诚实守信为荣、以见利忘义为耻，以遵纪守法为荣、以违法乱纪为耻，以艰苦奋斗为荣、以骄奢淫逸为耻①。社会主义荣辱观继承和发展了我们党关于社会主义思想道德建设褒荣贬耻、我国古代的"知耻"文化传统，同时又赋予了其新的时代内涵，深化了我们党对社会主义道德建设规律的认识。

（三）社会主义核心价值观的正式提出

2006年10月11日，党的十六届六中全会通过的《中共中央关于构建社会主义和谐社会若干重大问题的决定》深刻揭示了社会主义核心价值体系的内涵，第一次明确提出了"建设社会主义核心价值体系"这个重大命题和战略任务，并明确提出了社会主义核心价值体系的内容，指出社会主义核心价值观是社会主义核心价值体系的内核。2007年，胡锦涛总书记在"6·25"重要讲话中强调，要大力建设社会主义核心价值体系，巩固全党全国人民团结奋斗的共同思想基础。社会主义核心价值体系包括四个方面的基本内容，即马克思主义指导思想、中国特色社会主义共同理想、以爱

---

① 胡锦涛文选：第2卷. 北京：人民出版社，2016：430.

国主义为核心的民族精神和以改革创新为核心的时代精神、社会主义荣辱观。2007年10月,党的十七大进一步指出了"社会主义核心价值体系是社会主义意识形态的本质体现"。2011年10月18日,党的十七届六中全会通过的《中共中央关于深化文化体制改革推动社会主义文化大发展大繁荣若干重大问题的决定》深刻揭示了社会主义核心价值体系在文化建设中的灵魂作用,体现了我们党对文化建设规律认识的进一步深化。会议强调,社会主义核心价值体系是"兴国之魂",建设社会主义核心价值体系是推动文化大发展大繁荣的根本任务。

社会主义核心价值体系是一个系统、严谨的有机整体。中国特色社会主义共同理想,既是社会主义核心价值体系的一个基本内容,也是整个社会主义核心价值体系的主题;马克思主义指导思想是社会主义核心价值体系的灵魂;民族精神和时代精神是社会主义核心价值体系的精髓;社会主义荣辱观是社会主义核心价值体系的基础。社会主义核心价值体系是社会主义制度的内在精神和生命之魂,是社会主义制度在价值层面的本质规定,它揭示了社会主义国家经济、政治、文化、社会的发展动力,体现了富强、民主、文明、和谐的社会主义现代化国家的发展要求,反映了全国各族人民的核心利益和共同愿望。在当时经济体制深刻变革、社会结构深刻变动、利益格局深刻调整、思想观念深刻变化、思想大活跃、观念大碰撞、文化大交融的背景下,提出建设社会主义核心价值体系,具有重要的理论意义和极强的现实针对性。

提炼和概括出简明扼要、便于传播践行的社会主义核心价值观,对于建设社会主义核心价值体系具有重要意义。2012年11月8日,胡锦涛在中国共产党第十八次全国代表大会上所做的报告中明确提出"三个倡导",即"倡导富强、民主、文明、和谐,倡导自由、平等、公正、法治,倡导爱国、敬业、诚信、友善,积极培育和践行社会主义核心价值观",这是对社会主义核心价值观的最新概括。"富强、民主、文明、和谐",是我国社会主义现代化国家的建设目标,也是从价值目标层面对社会主义核心价值观基本理念的凝练,在社会主义核心价值观中居于最高层次,对其他层次的价值理念具有统领作用;"自由、平等、公正、法治",是对美好社会的生动表述，也是从社会层面对社会主义核心价值观基本理念的凝练，它反映了中国特色社会主义的基本属性，是我们党矢志不渝、长期实践的核心价值理念；"爱国、敬业、诚信、友善"，是公民基本道德规范，是从个人行为层面对社会主义核心价值观基本理念的凝练，它覆盖社会道德生活的各个领域，是公民必须恪守的基本道德准则，也是评价公民道德行为选择的基本价值标准。总体而言，社会主义核心价值观体现了社会主义意识形态的本质要求，体现了社会主义制度在思想和精神层面的质的规定性，凝结着社会主义先进文化的精髓，是中国特色社会主义道路、理论体系和制度的价值表达，是实现中华民族伟大复兴的中国梦的价值引领。

相比于社会主义核心价值体系，社会主义核心价值观具有以下几个鲜明特点：一是更加突出了核心要素，社会主义核心价值体系包括马克思主义指导思想、中国特色社会主义共同理想、民族精神和时代精神、社会主义荣辱观四个方面，是一个系统性、总体性的框架；而社会主义核心价值观强调的"三个倡导"，则更清晰地揭示了这个价值体系的内核，确立了当代中国最基本的价值观念。二是更加注重了凝练表达，社会主义核心价值观倡导的富强、民主、文明、和谐，自由、平等、公正、法治，爱国、敬业、诚信、友善，明确了国家、社会、公民三个层面的价值目标、价值取向、价值准则，是社会主义核心价值体系的凝练表达，符合大众化、通俗化要求，便于阐发、便于传播。三是更加强化了实践导向，社会主义核心价值观强调的"三个倡导"指向十分明确，每个层面都对人们有更具体的价值导向，是实实在在的要求，规范性和实践性都很强，便于遵循和践行。培育和践行核心价值观，为推进核心价值体系建设明确了工作切入点和着力点，有利于更好地把各项任务落到实处。

2013年12月，中共中央办公厅印发《关于培育和践行社会主义核心价值观的意见》，明确提出，以"三个倡导"为基本内容的社会主义核心价值观，与中国特色社会主义发展要求相契合，与中华优秀传统文化和人类文明优秀成果相承接，是我们党凝聚全党全社会价值共识做出的重要论断。中共中央政治局2014年2月24日就培育和弘扬社会主义核心价值观、弘扬中华传统美德进行第十三次集体学习。中共中央总书记习近平在主持学习时强调，把培育和弘扬社会主义核心价值观作为凝魂聚气、强基固本的基础工程，继承和发扬中华优秀传统文化和传统美德，广泛开展社会主义核心价值观宣传教育，积极引导人们讲道德、尊道德、守道德，追求高尚的道德理想，不断夯实中国特色社会主义的思想道德基础。他指出，核心价值观是文化软实力的灵魂、文化软实力建设的重点。这是决定文化性质和方向的最深层次要素。一个国家的文化软实力，从根本上说，取决于其核心价值观的生命力、凝聚力、感召力。培育和弘扬核心价值观，有效整合社会意识，是社会系统得以正常运转、社会秩序得以有效维护的重要途径，也是国家治理体系和治理能力的重要方面。历史和现实都表明，构建具有强大感召力的核心价值观，关系社会和谐稳定，关系国家长治久安。

二、社会主义核心价值观建设新突破

中国特色社会主义进入了新时代，这是我国发展新的历史方位。对于这个新时代，党的十九大报告定义了"五个时代"：第一，承前启后、继往开来、在新的历史条件下继续夺取中国特色社会主义伟大胜利的时代；第二，决胜全面建成小康社会、进而全面建设社会主义现代化强国的时代；第三，全国各族人民团结奋斗、不断创造美好生活、逐步实现全体人民共同富裕的时代；第四，全体中华儿女勠力同心、奋力实现中华民族伟大复兴中国梦的时代；第五，我国日益走近世界舞台中央、不断为人类做出更大贡献的时代。

新时代下，社会主义核心价值观取得了新的突破，其内涵和实践要求更加丰富，党中央对培育和践行社会主义核心价值观做出了许多新的重大部署，充分反映了我们党在价值理念和价值实践上达到了新的高度。党的十九大报告强调："文化自信是一个国家、一个民族发展中更基本、更深沉、更持久的力量。必须坚持马克思主义，牢固树立共产主义远大理想和中国特色社会主义共同理想，培育和践行社会主义核心价值观，不断增强意识形态领域主导权和话语权，推动中华优秀传统文化创造性转化、创新性发展，继承革命文化，发展社会主义先进文化，不忘本来、吸收外来、面向未来，更好构筑中国精神、中国价值、中国力量，为人民提供精神指引。"

（一）认知认同新突破

社会主义核心价值观在大众认知和认同方面取得了新的突破，使大众对马克思主义指导思想、中国特色社会主义共同理想、民族精神和时代精神、习近平新时代中国特色社会主义思想，都有了更深刻的价值共识。

社会主义核心价值观是以马克思主义为指导，其在认知认同上取得的新突破，离不开人民群众对马克思主义的认知，更离不开党和国家将社会主义核心价值观建设融入马克思主义大众化、时代化、中国化的进程中，在推进马克思主义指导实践的同时，使社会主义核心价值观落到实处，不断深入人心。2017年10月，党的十九大胜利召开，这是在全面建成小康社会决胜阶段、中国特色社会主义进入新时代的关键时期召开的一次十分重要的大会。习近平总书记在党的十九大报告中指出，经过长期努力，中国特色社会主义进入了新时代，我国发展进入了新的历史方位。在新时期，马克思主义大众化成了我们党牢牢掌握意识形态工作领导权的主要着力点之一。马克思主义是我们立党立国的根本指导思想，是社会主义意识形态的气质和灵魂。建设具有强大凝聚力和引领力的社会主义意识形态，使全体人民在理想信念、价值理念、道德观念上紧紧团结在一起，必须把坚持和发展马克思主义统一起来。

中国特色社会主义共同理想是团结凝聚各方面力量的一面价值旗帜。改革开放四十年来，党和国家通过各种方式，加强对中国特色社会主义理论体系的学习和认知，通过生动多样的活动形式，牢牢掌握中国特色社会主义理论体系的基本观点和基本方法，融会贯通、推动工作、指导实践，使广大干部群众能够更好地运用理论来指导实践。同时，以爱国主义为核心的民族精神和以改革开放为核心的时代精神是社会主义核心价值观的重要精神内涵之一,在建设社会主义核心价值观的伟大进程中,我们更加深刻地认识到了民族精神和时代精神的内涵。

中国特色社会主义核心价值观在提高价值主体的价值共识上也有着较大的突破。价值共识也就是社会共识、社会意识,是社会成员关于社会事务所达成的共识。我国建设中国特色社会主义核心价值观,通过各项工作,不断培育共同价值意识。按照人民群众易于接受的方式,通过广泛而持久的价值观教育活动,提高其价值认同,更好地方便人民群众理解和接受社会主义核心价值观。我国社会主义核心价值观建设不断提升其实效性,坚持先进性和广泛性相结合的原则,既大力倡导社会主义核心价值观,不断提升大众的价值观认识水平,又从客观实际出发,结合大众社会意识的多样性和差异性,使价值观建设更加科学合理。

社会主义核心价值观作为主流价值共识,其倡导的价值理念具有强大的道义力量,昭示的前进方向契合中国人民的美好愿景,对我们铸牢理想信念、坚守价值追求、聚合磅礴之力有重大意义。习近平新时代中国特色社会主义思想是马克思主义中国化的最新成果,是党和人民实践经验和集体智慧的结晶,是中国精神的时代精华,是国家政治生活和社会生活的根本指针。对习近平新时代中国特色社会主义思想的深刻价值认知,是社会主义核心价值观建设在认知认同方面所取得的新突破。

(二)融入贯穿新突破

改革开放以来,中国特色社会主义核心价值观建设不断融入我国各项具体工作中,在潜移默化中又不断使社会主义核心价值观取得新突破新发展。培育和弘扬核心价值观,有效整合社会意识,是社会系统得以正常运转、社会秩序得以有效维护的重要途径,也是国家治理体系和治理能力的重要方面。新时代,社会主义核心价值观汇聚起实现中华民族伟大复兴中国梦的强大精神动力。习近平总书记强调:"一种价值观要真正发挥作用,必须融入社会生活,让人们在实践中感知它、领悟它,达到'百姓日用而不知'的程度。"[①] 只有把社会主义核心价值观建设同中国特色社会主义各

---

① 习近平关于社会主义文化建设论述摘编. 北京:中央文献出版社,2017:109.

项事业和具体工作结合起来，我国社会主义核心价值观建设才会有更加坚实的实践基础。因此，建设社会主义核心价值观不能脱离具体工作实践，而要贯穿于中国特色社会主义经济建设、政治建设、文化建设、社会建设和生态文明建设的各项具体工作中。

党的十九大报告深刻阐述了社会主义核心价值观的丰富内涵和实践要求，对培育和践行社会主义核心价值观做出许多新的重大部署。这对于深入推进社会主义核心价值观建设，更好构筑中国精神、中国价值、中国力量，为新时代坚持和发展中国特色社会主义、实现中华民族伟大复兴中国梦提供强大的精神动力和持续的道德滋养，具有十分重大的意义。

社会主义核心价值观是当代中国精神的集中体现，凝结着全体人民共同的价值追求。党的十八大以来，以习近平同志为核心的党中央把社会主义核心价值观建设作为强基固本的战略工程，摆在党和国家全局工作的突出位置。习近平总书记做出一系列重要论述，提出一系列明确要求：强调一个国家、一个民族最持久、最深层的力量是全社会共同认可的核心价值观，如果没有共同的核心价值观，一个民族、一个国家就会魂无定所、行无依归；强调要在全社会大力弘扬和践行社会主义核心价值观，注重落细落小落实，使之像空气一样无处不在、无时不有，成为百姓日用而不觉的行为准则；等等。在习近平总书记这些关于社会主义核心价值观建设重要论述的正确指引下，这几年社会主义核心价值观建设持续用力、步步深入，大大增强了全党全社会的价值观自信，凝聚了团结一致、奋发进取的强大力量。在新时代中国特色社会主义实践中，党和国家对建设社会主义核心价值观的新方式进行了诸多有益的探索，开展了形式多样、成效显著的实践活动，充分把社会主义核心价值观建设与各项具体工作有机融合、共同推进。在具体工作中因地制宜，广泛开展"讲文明 树新风"创建文明城市活动；各级党政机关纷纷开展创先争优活动，有利于依法行政、公正执法、为人民服务；社会各界通过组织开展"希望工程""幸福工程""春蕾计划"等公益活动，将社会主义核心价值观同人民群众的广泛参与有机结合在一起。各地在推进社会主义核心价值观构建的过程中，不断融入各种形式的精神文明创建活动,真正展现了新时代社会主义核心价值观的丰富内涵和重要价值。但也要看到,价值观建设是在人的心灵里搞建设,是一个潜移默化、日积月累的过程,正所谓"树木易、树人难","立物易、立心难"。必须坚持久久为功,保持定力、耐心和韧劲,不断把核心价值观建设推向纵深。

(三)引导整合新突破

2014年,习近平总书记在十八届中央政治局第十三次集体学习时指出:"我国正处在大发展大变革大调整时期,国际国内形势的深刻变化使我国意识形态领域面临着空前复杂的情况,各种思想文化相互激荡,不同文明交流交融交锋更加频繁,进一步凸显了思想文化和价值观念的能力,扩大主流价值观念的影响力,掌握价值观念领域的主动权、主导权、话语权,是我们必须解决好的重大课题。"① 在复杂的国际国内形势下,改革开放四十年来,我们党和国家在抓好价值导向、强化典型引导、引领社会思潮、疏导社会心态等方面做出了巨大的努力和成就,社会主义核心价值观建设在引导整合方面不断取得新突破。

历史和现实都表明,社会核心价值观是一个国家的重要稳定器,能否构建具有强大感召力的核心价值观,关系社会和谐稳定,关系国家长治久安。培育和弘扬社会主义核心价值观,要坚定地立足中华优秀传统文化,坚持马克思主义的指导地位不动摇,坚持以习近平新时代中国特色社会主义思想为指导,强化典型树立,引领社会思潮。

建设社会主义文化强国,是一个复杂的系统工程。培育社会主义核心价值观,是其中的灵魂工程。文化的核心是价值观。人们据之以观世界、虑人生、辨善恶、别曲直、识美丑,也以之为向心凝聚、一体认同、创新创造的依据和向导。任何一种文化体系的性质,都由其内含的价值观决定和表征;任何一种文化体系的魅力,都由其内含的价值观蕴化、彰显;任何一种文化体系的发展,也都由其内含的价值观规约、引导。价值观在文化体系中的这种独特地位与功用,决定了其在文化体系中的核心意义。对

---

① 习近平关于社会主义文化建设论述摘编. 北京:中央文献出版社,2017:107.

此，习近平总书记精辟指出："核心价值观是文化软实力的灵魂、文化软实力建设的重点。这是决定文化性质和方向的最深层次要素。"① 建设社会主义文化强国，必须积极弘扬和培育社会主义核心价值观，厚植我们的民族和国家最持久、最深层的精神力量，确立起我们的文化体系赖以良性运行的价值中轴。

党的十九大报告明确提出，培育和践行社会主义核心价值观，要以培养担当民族复兴大任的时代新人为着眼点。这一论述，对培育和践行社会主义核心价值观的根本任务、出发点和落脚点提出了更加明确的要求。民族复兴的大任，即承前启后、继往开来、在新的历史条件下夺取中国特色社会主义的伟大胜利；即决胜全面建成小康社会、进而全面建设社会主义现代化强国；即团结奋斗、不断创造美好生活、逐步实现全体人民共同富裕；即推动我国更加走近世界舞台中央、不断为人类做出更大贡献。能够担当民族复兴大任的时代新人，需要有处于时代前沿的知识准备、能力训练，需要有不可移易的家国情怀、创造锐气。我们要以培养担当民族复兴大任的时代新人为着眼点，将核心价值观融入贯穿到新人培养的方方面面。

（四）实践转化新突破

习近平指出，一种价值观要真正发挥作用，必须融入社会生活，让人们在实践中感知它、领悟它。要注意把我们所提倡的与人们日常生活紧密联系起来，在落细、落小、落实上下功夫。要按照社会主义核心价值观的基本要求，健全各行各业规章制度，完善市民公约、乡规民约、学生守则等行为准则，使社会主义核心价值观成为人们日常工作生活的基本遵循。要建立和规范一些礼仪制度，组织开展形式多样的纪念庆典活动，传播主流价值，增强人们的认同感和归属感。要把社会主义核心价值观的要求融入各种精神文明创建活动之中，吸引群众广泛参与，推动人们在为家庭谋幸福、为他人送温暖、为社会做贡献的过程中提高精神境界、培育文明风尚。要利用各种时机和场合，形成有利于培育和弘扬社会主义核心价值观

---

① 习近平谈治国理政. 北京：外文出版社，2014：163.

的生活情景和社会氛围,使核心价值观的影响像空气一样无所不在、无时不有。

党的十九大报告强调,要强化教育引导、实践养成、制度保障,发挥社会主义核心价值观对国民教育、精神文明创建、精神文化产品创作生产传播的引领作用,把社会主义核心价值观融入社会发展各方面,转化为人们的情感认同和行为习惯。党和国家领导人以高度的政治战略,切实抓好各项任务的落实,不断推动社会主义核心价值观建设取得新的更大进展。我们党历来重视培养什么样人的问题:进入改革开放时期,在坚持以经济建设为中心、解放和发展社会生产力的过程中,我们党提出培育有理想、有道德、有文化、有纪律的社会主义公民;进入新时代,我们党提出培养担当民族复兴大任的时代新人,对于引领广大人民群众坚定信心、强化自觉、提升素质,投身民族复兴伟业具有重要而深远的意义。要充分发挥社会主义核心价值观的引领作用,充分发挥中华优秀传统文化的滋养作用,充分发挥法律和政策的保障作用,充分发挥党员干部的先锋模范作用,充分发挥家庭的基础作用。

改革开放以来,党的全部理论和实践的中心就是中国特色社会主义。历经四十年的探索,中国特色社会主义取得了长足的发展,外延不断拓展、布局日趋完善、内涵更加丰富。无论作为一条道路、一个理论体系,还是作为一种制度、一种文化,中国特色社会主义都需要一套与其经济基础和政治制度相适应并能形成广泛社会共识的核心价值观。社会主义核心价值观的鲜明提出和广泛实践,使我们对中国特色社会主义的认识,从思想理论、实践运动、社会制度层面,进一步发展到价值理念层面。

一种价值观要真正发挥作用,必须融入社会生活,让人们在实践中感知它、领悟它。既从战略高度做好顶层设计,又切实重视具体政策措施的可操作性,是培育和弘扬社会主义核心价值观的显著特点。

近些年来,社会主义核心价值观建设在促进全社会共同参与、开展多种形式的实践活动、规范普及基本道德规范等方面不断取得新突破。中共中央办公厅印发《关于培育和践行社会主义核心价值观的意见》,从推进中国特色社会主义伟大事业、实现中华民族伟大复兴中国梦的高度做出战略部署；中央宣传部、中央文明办印发《培育和践行社会主义核心价值观行动方案》，三十多项重点任务逐项分解，明确责任，从具体事情抓起，从重点人群抓起，在落细、落小、落实上下功夫。通过教育引导、舆论宣传、文化熏陶、实践养成、制度保障，核心价值观逐渐内化为人们的精神追求，外化为人们的自觉行动。坚持育人为本、德育为先，围绕立德树人的根本任务，各地把核心价值观纳入国民教育总体规划，覆盖所有学校和受教育者，推动核心价值观进教材、进课堂、进学生头脑，形成家庭、社会与学校携手育人的强大合力。文化、科技、体育界等社会公众人物集中的领域开展"重品行 树形象 做榜样"活动，引导公众人物强化自身修养、提升道德境界，为社会公众做出榜样；司法领域大力加强社会主义法治理念教育，引导法律工作者恪守职业道德，让群众在每一起案件的审理中体会到公平正义……社会主义核心价值观建设已经编织起一张覆盖各行各业、各类人群的教育和实践网络，其影响"像空气一样无所不在、无时不有"①。

中国特色社会主义进入了新时代，我国发展处于新的历史方位，培育和践行社会主义核心价值观成了一项具有基础性、内在性、目标性、规定性的重大任务，对于增强我们的道路自信、理论自信、制度自信、文化自信具有重要意义，可以确保中国特色社会主义始终沿着正确方向胜利前进，不断展现出更加强大的生命力。习近平指出，核心价值观是一个民族赖以维系的精神纽带，是一个国家共同的道德基础。新时代党的历史使命就是进行伟大斗争、建设伟大工程、推进伟大事业、实现伟大梦想。实现"四个伟大"，需要新时代下的社会主义核心价值观能够体现社会主义本质要求，能够传承中华优秀传统文化、能够凝结时代精神和广泛的社会共识。只有这样才会筑牢理想信念、坚守价值追求、聚合磅礴之力，让我们在中国特色社会主义道路上坚定自信、砥砺前行。"人民有信仰，国家有力量，民族有希望。"培育和践行社会主义核心价值观，正在为实现中华民族伟大复兴中国梦凝聚起强大的精神力量。

---

① 习近平谈治国理政. 北京：外文出版社，2014：165.

三、社会主义核心价值观建设的启示

习近平在党的十九大报告中指出,要培育和践行社会主义核心价值观。要以培养担当民族复兴大任的时代新人为着眼点,强化教育引导、实践养成、制度保障,发挥社会主义核心价值观对国民教育、精神文明创建、精神文化产品创作生产传播的引领作用,把社会主义核心价值观融入社会发展各方面,转化为人们的情感认同和行为习惯。坚持全民行动、干部带头,从家庭做起,从娃娃抓起。培育和践行社会主义核心价值观,就要深入挖掘中华优秀传统文化蕴含的思想观念、人文精神、道德规范,结合时代要求继承创新。社会主义核心价值观建设是我国文化建设的重要组成部分,深入学习探讨四十年来社会主义核心价值观的形成与发展,对于我们进一步加强社会主义核心价值观建设,坚定文化自信,推动社会主义文化繁荣兴盛具有重要启示。

(一)把培育和践行社会主义核心价值观融入国民教育全过程

培育和践行社会主义核心价值观要从小抓起、从学校抓起。坚持育人为本、德育为先,围绕立德树人的根本任务,把社会主义核心价值观纳入国民教育总体规划,贯穿于基础教育、高等教育、职业技术教育、成人教育各领域,落实到教育教学和管理服务各环节,覆盖所有学校和受教育者,形成课堂教学、社会实践、校园文化多位一体的育人平台,不断完善中华优秀传统文化教育,形成爱学习、爱劳动、爱祖国活动的有效形式和长效机制,努力培养德智体美全面发展的社会主义建设者和接班人。适应青少年身心特点和成长规律,深化未成年人思想道德建设和大学生思想政治教育,构建大中小学有效衔接的德育课程体系和教材体系,创新中小学德育课和高校思想政治理论课教育教学,推动社会主义核心价值观进教材、进课堂、进学生头脑。完善学校、家庭、社会三结合的教育网络,引导广大家庭和社会各方面主动配合学校教育,以良好的家庭氛围和社会风气巩固学校教育成果，形成家庭、社会与学校携手育人的强大合力。

注重发挥社会实践的养成作用，完善实践教育教学体系，开发实践课程和活动课程，加强实践育人基地建设，打造大学生校外实践教育基地、高职实训基地、青少年社会实践活动基地，组织青少年参加力所能及的生产劳动和爱心公益活动、益德益智的科研发明和创新创造活动、形式多样的志愿服务和勤工俭学活动。注重发挥校园文化的熏陶作用，加强学校报刊、广播电视、网络建设，完善校园文化活动设施，重视校园人文环境培育和周边环境整治，建设体现社会主义特点、时代特征、学校特色的校园文化。

实施师德师风建设工程，坚持师德为上，完善教师职业道德规范，健全教师任职资格准入制度，将师德表现作为教师考核、聘任和评价的首要内容，形成师德师风建设长效机制。着重抓好学校党政干部和共青团干部，思想品德课、思想政治理论课和哲学社会科学课教师、辅导员和班主任队伍建设。引导广大教师自觉增强教书育人的荣誉感和责任感，学为人师、行为世范，做学生健康成长的指导者和引路人。

（二）把培育和践行社会主义核心价值观落实到经济发展实践和社会治理中

确立经济发展目标和发展规划，出台经济社会政策和重大改革措施，开展各项生产经营活动，要遵循社会主义核心价值观要求，做到讲社会责任、讲社会效益，讲守法经营、讲公平竞争、讲诚信守约，形成有利于弘扬社会主义核心价值观的良好政策导向、利益机制和社会环境。与人们生产生活和现实利益密切相关的具体政策措施，要注重经济行为和价值导向有机统一，经济效益和社会效益有机统一，实现市场经济和道德建设良性互动。建立完善相应的政策评估和纠偏机制，防止出现具体政策措施与社会主义核心价值观相背离的现象。

用法律来推动核心价值观建设。法律法规是推广社会主流价值的重要保证。要把社会主义核心价值观贯彻到依法治国、依法执政、依法行政实践中，落实到立法、执法、司法、普法和依法治理各个方面，用法律的权威来增强人们培育和践行社会主义核心价值观的自觉性。厉行法治,严格执法,公正司法,捍卫宪法和法律尊严,维护社会公平正义。加强法制宣传教育,培育社会主义法治文化,弘扬社会主义法治精神,增强全社会学法、尊法、守法、用法意识。注重把社会主义核心价值观相关要求上升为具体法律规定,充分发挥法律的规范、引导、保障、促进作用,形成有利于培育和践行社会主义核心价值观的良好法治环境。

把践行社会主义核心价值观作为社会治理的重要内容,融入制度建设和治理工作中。要让各种社会管理承担起倡导社会主义核心价值观的责任,注重在日常管理中体现价值导向,使符合核心价值观的行为得到鼓励、违背核心价值观的行为受到制约。要创新社会治理,完善激励机制,褒奖善行义举,实现治理效能与道德提升相互促进,形成好人好报、恩将德报的正向效应。要完善市民公约、村规民约、学生守则、行业规范,强化规章制度实施力度,在日常治理中鲜明彰显社会主流价值,使正确行为得到鼓励、错误行为受到谴责。

(三) 加强社会主义核心价值观宣传教育

用社会主义核心价值观引领社会思潮、凝聚社会共识。深入开展中国特色社会主义和中国梦宣传教育,不断增强人们的道路自信、理论自信、制度自信,坚定全社会全面深化改革的意志和决心。把社会主义核心价值观学习教育纳入各级党委(党组)中心组学习计划,纳入各级党委讲师团经常性宣讲内容。深入研究社会主义核心价值观的理论和实际问题,深刻解读社会主义核心价值观的丰富内涵和实践要求,为实践发展提供学理支撑。深入推进马克思主义理论研究和建设工程,发挥国家社科基金的导向带动作用,推出更多有分量有价值的研究成果。加强社会思潮动态分析,强化社会热点难点问题的正面引导,在尊重差异中扩大社会认同,在包容多样中形成思想共识。严格社团、讲座、论坛、研讨会、报告会的管理。

新闻媒体要发挥传播社会主流价值的主渠道作用。坚持团结稳定鼓劲、正面宣传为主,牢牢把握正确舆论导向,把社会主义核心价值观贯穿到日常形势宣传、成就宣传、主题宣传、典型宣传、热点引导和舆论监督中，弘扬主旋律，传播正能量，不断巩固壮大积极健康向上的主流思想舆论。党报党刊、通讯社、电台电视台要拿出重要版面、时段，推出专栏专题，出版社要推出专项出版，运用新闻报道、言论评论、访谈节目、专题节目和各类出版物等形式传播社会主义核心价值观。都市类、行业类媒体要增强传播主流价值的社会责任，积极发挥自身优势，适应分众化特点，多联系群众身边事例，多运用大众化语言，在生动活泼的宣传报道中引导人们培育和践行社会主义核心价值观。强化传播媒介管理，不为错误观点提供传播渠道。新闻出版单位和从业人员要强化行业自律，切实增强传播社会主义核心价值观的责任意识和能力，将个人道德修养作为从业资格考评的重要内容。

建设社会主义核心价值观的网上传播阵地。适应互联网快速发展形势，善于运用网络传播规律，把社会主义核心价值观体现到网络宣传、网络文化、网络服务中，用正面声音和先进文化占领网络阵地。做大做强重点新闻网站，发挥主要商业网站建设性作用，形成良好的网上舆论环境，集聚网上舆论引导合力。做好重大信息网上发布，回应网民关切，主动有效进行网上引导。推动中华优秀传统文化和当代文化精品网络化传播，创作适于新兴媒体传播、格调健康的网络文化作品。依法加强网络社会管理，加强对网络新技术新应用的管理，推进网络法制建设，规范网上信息传播秩序，整治网络淫秽色情和低俗信息，打击网络谣言和违法犯罪，使网络空间清朗起来。

发挥精神文化产品育人化人的重要功能。要润物细无声，运用各类文化形式，生动具体地表现社会主义核心价值观，用高质量高水平的文化产品形象地告诉人们什么是真善美，什么是假恶丑，什么是值得肯定和赞扬的，什么是必须反对和否定的。一切文化产品、文化服务和文化活动，都要弘扬社会主义核心价值观，传递积极人生追求、高尚思想境界和健康生活情趣。提升文化产品的思想品格和艺术品位，用思想性、艺术性、观赏性相统一的优秀作品，弘扬真善美，贬斥假恶丑。加强对新型文化业态、文化样式的引导，让不同类型文化产品都成为弘扬社会主流价值的生动载体。加大对优秀文化产品的推广力度，开展优秀文化产品展演、展映、展播活动，经典作品阅读观看活动。完善文化产品评价体系，坚持文艺评论评奖的正确价值取向。完善公共文化服务体系，提供均等优质的文化产品，开展多姿多彩的文化活动，丰富群众精神文化生活。

（四）开展涵养社会主义核心价值观的实践活动

广泛开展道德实践活动。以诚信建设为重点，加强社会公德、职业道德、家庭美德、个人品德教育，形成修身律己、崇德向善、礼让宽容的道德风尚。大力宣传先进典型，评选表彰道德模范，形成学习先进、争当先进的浓厚风气。在国家博物馆设立英模陈列馆。深化公民道德宣传日活动，组织道德论坛、道德讲堂、道德修身等活动。加强政务诚信、商务诚信、社会诚信和司法公信建设，开展道德领域突出问题专项教育和治理，完善企业和个人信用记录，健全覆盖全社会的征信系统，加大对失信行为的约束和惩戒力度，在全社会广泛形成守信光荣、失信可耻的氛围。把开展道德实践活动与培育廉洁价值理念相结合，营造崇尚廉洁、鄙弃贪腐的良好社会风尚。

深化学雷锋志愿服务活动。大力弘扬雷锋精神，广泛开展形式多样的学雷锋实践活动，采取措施推动学雷锋活动常态化。以城乡社区为重点，以相互关爱、服务社会为主题，围绕扶贫济困、应急救援、大型活动、环境保护等方面，围绕空巢老人、留守妇女儿童、困难职工、残疾人等群体，组织开展各类形式的志愿服务活动，形成我为人人、人人为我的社会风气。把学雷锋和志愿服务结合起来，建立健全志愿服务制度，完善激励机制和政策法规保障机制，把学雷锋志愿服务活动做到基层、做到社区、做进家庭。

深化群众性精神文明创建活动。各类精神文明创建活动要在突出社会主义核心价值观的思想内涵上求实效。推进文明城市、文明村镇、文明单位、文明家庭等创建活动，开展全民阅读活动，不断提升公民文明素质和社会文明程度。广泛开展美丽中国建设宣传教育。开展礼节礼仪教育，在重要场所和重要活动中升挂国旗、奏唱国歌，在学校开学、学生毕业时举行庄重简朴的典礼，完善重大灾难哀悼纪念活动，使礼节礼仪成为培育社会主流价值的重要方式。加强对公民文明旅游的宣传教育、规范约束和社会监督，增强公民旅游的文明意识。

发挥优秀传统文化怡情养志、涵育文明的重要作用。博大精深的中华优秀传统文化是我们在世界文化激荡中站稳脚跟的根基。中华文化源远流长，积淀着中华民族最深层的精神追求，代表着中华民族独特的精神标识，为中华民族生生不息、发展壮大提供了丰厚滋养。对历史文化特别是先人传承下来的价值理念和道德规范，要坚持古为今用、推陈出新，有鉴别地加以对待，有扬弃地予以继承，努力用中华民族创造的一切精神财富来以文化人、以文育人。培育和弘扬社会主义核心价值观必须立足中华优秀传统文化。要建设优秀传统文化传承体系，加大文物保护和非物质文化遗产保护力度，加强对优秀传统文化思想价值的挖掘，梳理和萃取中华文化中的思想精华，做出通俗易懂的当代表达，赋予新的时代内涵，使之与中国特色社会主义相适应，让优秀传统文化在新的时代条件下不断发扬光大。要重视民族传统节日的思想熏陶和文化教育功能，丰富民族传统节日的文化内涵，开展优秀传统文化教育普及活动，培育特色鲜明、气氛浓郁的节日文化。增加国民教育中优秀传统文化课程内容，分阶段有序推进学校优秀传统文化教育。开展移风易俗工作，创新民俗文化样式，形成与历史文化传统相承接、与时代发展相一致的新民俗。

发挥重要节庆日传播社会主流价值的独特优势。开展革命传统教育，加强对革命传统文化时代价值的阐发，发扬党领导人民在革命、建设、改革中形成的优良传统，弘扬民族精神和时代精神。挖掘各种重要节庆日、纪念日蕴藏的丰富教育资源，利用"五四""七一""八一""十一"等政治性节日，"三八""五一""六一"等国际性节日，党史国史上重大事件、重要人物纪念日等，举办庄严庄重、内涵丰富的群众性庆祝和纪念活动。利用党和国家成功举办大事、妥善应对难事的时机，因势利导地开展各类教育活动。加强爱国主义教育基地建设，形成实体展馆与网上展馆相结合、涵盖各个历史时期的爱国主义教育基地体系。推进公共博物馆、纪念馆、爱国主义教育基地和文化馆、图书馆、美术馆、科技馆等免费开放，积极发展红色旅游。

运用公益广告传播社会主流价值、引领文明风尚。围绕社会主义核心价值观，加强公益广告的选题规划和内容创意，形成公益广告传播先进文化、传扬新风正气的强大声势。加大公益广告刊播力度，广播电视、报纸期刊要拿出黄金时段、重要版面和显著位置，持续刊播公益广告。互联网和手机媒体要发挥传输快捷、覆盖广泛的优势，运用多种方式扩大公益广告的影响力。社会公共场所、公共交通工具要在适当位置悬挂张贴公益广告。各类公益广告要注重导向鲜明、富有内涵、引人向上，注重形式多样、品味高雅、创意新颖，体现时代感厚重感，增强传播力感染力。

（五）加强对培育和践行社会主义核心价值观的组织领导

各级党委和政府要充分认识培育和践行社会主义核心价值观的重要性，把这项任务摆上重要位置，把握方向，制定政策，营造环境，切实负起政治责任和领导责任。把社会主义核心价值观要求体现到经济建设、政治建设、文化建设、社会建设、生态文明建设和党的建设各领域，推动培育和践行社会主义核心价值观同实际工作融为一体、相互促进。建立健全培育和践行社会主义核心价值观的领导体制和工作机制，加强统筹协调，加强组织实施，加强督促落实，提高工作科学化水平。党的基层组织要在推动社会主义核心价值观培育和践行方面，发挥政治核心作用和战斗堡垒作用，筑牢社会和谐的精神纽带，打牢党执政的思想基础。

党员、干部要做培育和践行社会主义核心价值观的模范。榜样的力量是无穷的，广大党员、干部必须带头学习和弘扬社会主义核心价值观，用自己的模范行为和高尚人格感召群众、带动群众。党员、干部特别是领导干部要在培育和践行社会主义核心价值观方面带好头，以身作则、率先垂范，讲党性、重品行、做表率，为民、务实、清廉，以人格力量感召群众、引领风尚。加强理想信念教育，引导党员、干部着力增强走中国特色社会主义道路、为党和人民事业不懈奋斗的自觉性和坚定性，做共产主义远大理想和中国特色社会主义共同理想的坚定信仰者。加强党性教育，引导党员、干部贯彻党的群众路线，弘扬党的优良传统和作风，以优良党风促政风带民风。加强道德建设，引导党员、干部始终保持高洁生活情趣，坚守共产党人精神追求。

培育和践行社会主义核心价值观是全党全社会的共同责任。坚持全党动手、全社会参与，把培育和践行社会主义核心价值观同各领域的行政管理、行业管理和社会管理结合起来，形成齐抓共管的工作格局。党政各部门，工会、共青团、妇联等人民团体，要在党委统一领导下，加强沟通、密切配合，形成共同推进社会主义核心价值观培育和践行的良好局面。各地区各部门各单位要制定实施方案，落实工作责任制，明确任务分工，完善工作措施。重视发挥民主党派和工商联的重要作用，支持民主党派和工商联开展培育和践行社会主义核心价值观的各项工作。加强同知识界的联系，引导知识分子用正确观点阐释和传播社会主义核心价值观。党委宣传部门要切实担负起组织指导、协调推进的重要职责，积极会同有关部门采取有力措施，推动各项任务落到实处。

把培育和践行社会主义核心价值观的任务落实到基层。城乡基层是培育和践行社会主流价值的重要依托，农村、企业、社区、机关、学校等基层单位要重视社会主义核心价值观的培育和践行，使之融入基层党组织建设、基层政权建设中，融入城乡居民自治中，融入人们生产生活和工作学习中，努力实现全覆盖，推动社会主义核心价值观不断转化为社会群体意识和人们自觉行动。充分发挥工人、农民、知识分子的主力军作用，发挥党员、干部的模范带头作用，发挥青少年的生力军作用，发挥社会公众人物的示范作用，发挥非公有制经济组织和新社会组织从业人员的积极作用，形成人人践行社会主义核心价值观的生动景象。

第三章　社会主义思想道德建设取得重大进展

　　社会主义思想道德建设是社会主义精神文明建设的核心和抓手，它集中体现着社会主义精神文明建设的性质和方向。党的十九大报告鲜明指出，"人民有信仰，国家有力量，民族有希望"，并对加强思想道德建设做出重大部署，强调要提高人民思想觉悟、道德水准、文明素养，提高全社会文明程度①。重视思想道德建设，是我们党的优良传统和政治优势。改革开放以来，中国共产党在领导我国经济建设和社会事业发展的同时，也对思想道德建设进行了不断探索，我国思想道德建设战略不断推进，思想道德体系逐步形成完善，国民道德素质有效提升，社会主义思想道德建设取得了显著进步和重大进展。

一、思想道德建设战略不断推进

　　十一届三中全会以来，我们党在解放思想、实事求是思想路线的指导下，适应新形势、新任务和新要求，抓住有利时机，围绕大力推进思想道

---

① 决胜全面建成小康社会　夺取新时代中国特色社会主义伟大胜利. 人民日报，2017-10-28.

德建设做出与时俱进的战略部署。

（一）把思想道德建设作为社会主义精神文明建设的重要组成部分

早在1979年10月，邓小平在中国文学艺术工作者第四次代表大会上的祝词中就明确提出"建设社会主义精神文明"，对社会主义道德建设做出部署。他说："我们的国家已经进入社会主义现代化建设的新时期。""我们要在建设高度物质文明的同时，提高全民族的科学文化水平，发展高尚的丰富多彩的文化生活，建设高度的社会主义精神文明。""要恢复和发扬我们党和人民的革命传统，培养和树立优良的道德风尚，为建设高度发展的社会主义精神文明做出积极的贡献。"①

1980年12月，邓小平在中央工作会议上的讲话中再次突出强调了道德建设问题："要教育全党同志发扬大公无私、服从大局、艰苦奋斗、廉洁奉公的精神，坚持共产主义思想和共产主义道德。我们要建设的社会主义国家，不但要有高度的物质文明，而且要有高度的精神文明。所谓精神文明，不但是指教育、科学、文化（这是完全必要的），而且是指共产主义的思想、理想、信念、道德、纪律，革命的立场和原则，人与人的同志式关系，等等。"② 这里，邓小平明确把共产主义的理想信念纪律等道德建设作为精神文明建设的一部分。

1986年9月，党的十二届六中全会通过了《中共中央关于社会主义精神文明建设指导方针的决议》，强调社会主义精神文明建设的根本任务，"是适应社会主义现代化建设的需要，培育有理想、有道德、有文化、有纪律的社会主义公民，提高整个中华民族的思想道德素质和科学文化素质"，并明确指出"精神文明建设，包括思想道德建设和教育科学文化建设两个方面，渗透在整个物质文明建设之中，体现在经济、政治、文化、社会生活的各个方面"③。在此，我们党以中央文件的形式正式确立了思想道德建设作为我国精神文明建设的重要组成部分的战略部署。

---

① 邓小平文选：第2卷. 北京：人民出版社，1994：208-209.
② 同①367.
③ 十二大以来的重要文献选编：下. 北京：人民出版社，1988：1176.

文化建设新风貌

（二）以德治国

21世纪初，中国的改革开放事业在其辉煌成果充分展示的同时，各种问题也不可避免地暴露出来，如贫富差距迅速拉大、反腐形势严峻、社会风气令人担忧等。以江泽民同志为核心的党的第三代中央领导集体意识到，要解决这些问题，使社会主义市场经济稳步推进，仅依赖经济手段和法律手段是不够的。为此，我们党提出了"以德治国"新战略。"以德治国"，是以江泽民同志为核心的党的第三代中央领导集体在我国经济社会步入新世纪所提出的治国方略，是在深刻总结国内外治国经验的基础上做出的科学论断，是对马列主义、毛泽东思想、邓小平理论的重大发展。

2001年1月10日，江泽民在全国宣传部长会议上的讲话中明确指出："我们在建设有中国特色社会主义、发展社会主义市场经济的过程中，要坚持不懈地加强社会主义法制建设，依法治国；同时也要坚持不懈地加强社会主义道德建设，以德治国。"他还强调指出："对一个国家的治理来说，法治和德治，从来都是相辅相成、相互促进的。二者缺一不可，也不可偏废。法治属于政治建设、属于政治文明，德治属于思想建设、属于精神文明。二者范畴不同，但其地位和功能都是非常重要的。我们要把法制建设与道德建设紧密结合起来，把依法治国与以德治国紧密结合起来。"①显然，江泽民把以德治国与依法治国并提，认为二者不可偏废，并把"以德治国"的地位提高到治理国家的高度加以强调。

2002年11月，党的十六大将"坚持物质文明和精神文明两手抓，实行依法治国和以德治国相结合"，列入"党领导人民建设中国特色社会主义必须坚持的基本经验"之一②；并强调指出，依法治国和以德治国相辅相成，要建立与社会主义市场经济相适应、与社会主义法律规范相协调、与中华民族传统美德相承接的社会主义思想道德体系③。

---

① 江泽民文选：第3卷. 北京：人民出版社，2006：200.
② 十六大以来重要文献选编：上. 北京：中央文献出版社，2005：7.
③ 同②30.

（三）把公民道德建设放在突出位置来抓

2001年9月20日，中共中央下达《关于印发〈公民道德建设实施纲要〉的通知》。该通知要求各地区、各部门要充分认识加强公民道德建设的重要性、艰巨性、长期性和紧迫性，把公民道德建设放在突出位置来抓，促进依法治国与以德治国的紧密结合，推动经济和社会的全面发展。强调从公民道德建设入手，突出公民道德建设的重要地位，实质上是加强社会主义道德建设、实施以德治国方略的一个重要举措。

公民道德建设强调要坚持党的指导思想，重在建设、以人为本，在全民族牢固树立中国特色社会主义的共同理想和正确的世界观、人生观、价值观，在全社会大力倡导"爱国守法、明礼诚信、团结友善、勤俭自强、敬业奉献"的基本道德规范，努力提高公民道德素质，促进人的全面发展，培养一代又一代有理想、有道德、有文化、有纪律的社会主义公民[①]。

公民道德建设内容是社会主义道德建设内容的具体化和规范化。社会主义道德建设要坚持以为人民服务为核心，以集体主义为原则，以爱祖国、爱人民、爱劳动、爱科学、爱社会主义为基本要求，以社会公德、职业道德、家庭美德为着力点。在公民道德建设中，应当把这些主要内容具体化、规范化，使之成为全体公民普遍认同和自觉遵守的行为准则。

（四）树立社会主义荣辱观

2006年3月4日，胡锦涛在全国政协十届四次会议期间发出"树立社会主义荣辱观"的号召。他说，在我们的社会主义社会里，是非、善恶、美丑的界限绝对不能混淆，坚持什么、反对什么，倡导什么、抵制什么，都必须旗帜鲜明。要引导广大干部群众特别是青少年树立社会主义荣辱观：以热爱祖国为荣、以危害祖国为耻，以服务人民为荣、以背离人民为耻，以崇尚科学为荣、以愚昧无知为耻，以辛勤劳动为荣、以

---

① 十五大以来重要文献选编：下. 北京：人民出版社，2003：1981-1982.

好逸恶劳为耻、以团结互助为荣、以损人利己为耻、以诚实守信为荣、以见利忘义为耻、以遵纪守法为荣、以违法乱纪为耻、以艰苦奋斗为荣、以骄奢淫逸为耻①。以"八荣八耻"为主要内容的社会主义荣辱观，是我们党从全面建设小康社会、加快推进社会主义现代化建设的高度，把发展社会主义先进文化放到十分突出的位置，为提高人的素质、促进人的全面发展，加强思想道德建设，培育有理想、有道德、有文化、有纪律的社会主义公民而提出的重要指导思想。

党的十六届六中全会明确要求，树立社会主义荣辱观，培育文明道德风尚，要"树立以'八荣八耻'为主要内容的社会主义荣辱观，倡导爱国、敬业、诚信、友善等道德规范，开展社会公德、职业道德、家庭美德教育，加强青少年思想道德建设，在全社会形成知荣辱、讲正气、促和谐的风尚，形成男女平等、尊老爱幼、扶贫济困、礼让宽容的人际关系"②。这里，我们党以文件的形式明确地将树立社会主义荣辱观作为我国加强思想道德建设的要求，树立社会主义荣辱观成为思想道德建设的一个重要战略。这一重要战略对于培养公民的高尚品质，树立良好的社会道德风尚，创造安定和谐的社会环境，促进经济社会健康发展，具有十分重要的战略价值。

社会主义荣辱观重在践行，重在把遵守社会主义荣辱观的道德要求逐步转化为广大公民的道德行为。随着社会主义荣辱观践行机制的日益完善，我国的道德建设与文明发展程度正逐步提高到新的水平。

（五）建设社会主义核心价值体系

建设社会主义核心价值体系，是社会主义思想道德建设上的一个重大理论创新。2006 年 10 月，党的十六届六中全会通过的《中共中央关于构建社会主义和谐社会若干重大问题的决定》，第一次明确提出了"建设社会主义核心价值体系"这个重大命题和战略任务。《决定》指出："社会主义核心价值体系是建设和谐文化的根本。必须坚持马克思主义在意识形态

---

① 胡锦涛文选：第 2 卷. 北京：人民出版社，2016：430.
② 十六大以来重要文献选编：下. 北京：中央文献出版社，2008：661.

领域的指导地位,牢牢把握社会主义先进文化的前进方向,弘扬民族优秀文化传统,借鉴人类有益文明成果,倡导和谐理念,培育和谐精神,进一步形成全社会共同的理想信念和道德规范,打牢全党全国各族人民团结奋斗的思想道德基础。"① 显然,建设社会主义核心价值体系,才能巩固社会和谐的思想道德基础。因此,加强社会主义思想道德建设必须高度重视社会主义核心价值体系的建设。

《决定》还明确指出:"马克思主义指导思想,中国特色社会主义共同理想,以爱国主义为核心的民族精神和以改革创新为核心的时代精神,社会主义荣辱观,构成社会主义核心价值体系的基本内容。"并要求:"建设社会主义核心价值体系,形成全民族奋发向上的精神力量和团结和睦的精神纽带。""树立社会主义荣辱观,培育文明道德风尚。"② 这就为我们进一步明确了建设什么样的社会主义核心价值体系以及如何建设社会主义核心价值体系。

2007年底,党的十七大首次将"建设社会主义核心价值体系"纳入报告中。报告指出,社会主义核心价值体系是社会主义意识形态的本质体现。并提出要切实把社会主义核心价值体系融入国民教育和精神文明建设全过程,转化为人民自觉追求。积极探索用社会主义核心价值体系引领社会思潮的有效途径,主动做好意识形态工作,既尊重差异、包容多样,又有力抵制各种错误和腐朽思想的影响③。

(六) 以社会主义核心价值观引领社会主义思想道德建设

党的十八大明确提出,倡导富强、民主、文明、和谐,倡导自由、平等、公正、法治,倡导爱国、敬业、诚信、友善,积极培育和践行社会主义核心价值观④。社会主义核心价值观是当代中国精神的集中体现,凝结

---

① 十六大以来重要文献选编:下. 北京:人民出版社,2008:660.
② 同①661.
③ 高举中国特色社会主义伟大旗帜 为夺取全面建设小康社会新胜利而奋斗. 人民日报,2007-10-25.
④ 坚定不移沿着中国特色社会主义道路前进 为全面建成小康社会而奋斗. 人民日报,2012-11-09.

着全体人民共同的价值追求。以社会主义核心价值观引领社会主义思想道德建设，是以习近平同志为核心的党中央在思想文化建设方面的一个重大战略创新。

2013年，为深入贯彻落实党的十八大和十八届三中全会精神，积极培育和践行社会主义核心价值观，中共中央办公厅印发《关于培育和践行社会主义核心价值观的意见》，该意见指出："面对世界范围思想文化交流交融交锋形势下价值观较量的新态势，面对改革开放和发展社会主义市场经济条件下思想意识多元多样多变的新特点，积极培育和践行社会主义核心价值观，对于巩固马克思主义在意识形态领域的指导地位、巩固全党全国人民团结奋斗的共同思想基础，对于促进人的全面发展、引领社会全面进步，对于集聚全面建成小康社会、实现中华民族伟大复兴中国梦的强大正能量，具有重要现实意义和深远历史意义。"① 可见，以社会主义核心价值观引领思想道德建设，是我们党面对新形势新任务，与时俱进推进思想道德建设的重大决策。

《意见》还指出，要把培育和践行社会主义核心价值观融入国民教育全过程，把培育和践行社会主义核心价值观落实到经济发展实践和社会治理中，加强社会主义核心价值观宣传教育，开展涵养社会主义核心价值观的实践活动，加强对培育和践行社会主义核心价值观的组织领导等。这对于有效培育和践行社会主义核心价值观，更好地凝聚全党全国各族人民的思想，在日趋激烈的国际思想舆论竞争中掌握主动权和话语权，意义重大。

2017年10月，党的十九大再次强调要培育和践行社会主义核心价值观。"要以培养担当民族复兴大任的时代新人为着眼点，强化教育引导、实践养成、制度保障，发挥社会主义核心价值观对国民教育、精神文明创建、精神文化产品创作生产传播的引领作用，把社会主义核心价值观融入社会发展各方面，转化为人们的情感认同和行为习惯。"② 这就充分体现了以社会主义核心价值观引领思想道德建设的战略要求。

---

① 十八大以来重要文献选编：上. 北京：中央文献出版社，2014：578-579.
② 决胜全面建成小康社会　夺取新时代中国特色社会主义伟大胜利. 人民日报，2017-10-28.

二、思想道德体系逐步形成完善

社会主义思想道德体系,属于社会主义意识形态的范畴,社会主义思想道德是社会主义经济、政治、文化的反映,是为社会主义经济社会全面、协调、可持续发展服务的。这一体系的基本内容表现在以为人民服务为核心,以集体主义为原则,以爱祖国、爱人民、爱劳动、爱科学、爱社会主义为基本要求,以社会公德、职业道德和家庭美德为着力点,以诚实信用为突破口等方面。这一体系是与社会主义市场经济相适应、与社会主义法律规范相协调、与中华传统美德相承接的体系。

在我国改革开放四十年的历程中,伴随着我国经济、政治和文化的发展,我国社会主义思想道德体系初步建立并不断完善,形成了较为完整的框架结构。从整体上来看,大致可以从下述几个方面来把握我国社会主义思想道德体系的框架结构。

(一)以为人民服务为核心

为人民服务是我们党提倡和奉行的一种全新的高尚道德追求。中国共产党自成立以来,就以全心全意为人民服务为根本宗旨,在长期的革命、建设和改革中,为人民利益鞠躬尽瘁,无私奉献。为人民服务成为党的光荣传统、道德追求,这一高尚的道德追求不同于封建主义的思想家提出的民为重的民本概念,也不同于资产阶级思想家提出的为人服务的资产阶级的人道主义口号。它要求以工人阶级和其他劳动人民的根本利益为一切言行的最高准则;确立为人民大众谋利益的立场,做人民的公仆和勤务员;坚持人民群众创造历史的唯物史观,相信人民群众、依靠人民群众,关心人民群众的疾苦;从群众中来,到群众中去;端正党风,反对官僚主义,清除官本位和特权思想等剥削阶级的没落观念,同腐败现象做坚决斗争。这反映了社会主义制度的客观要求,与社会主义的本质要求相一致。

文化建设新风貌

明确提出为人民服务是社会主义思想道德体系的核心是一个历史的过程。早在新民主主义革命时期，毛泽东在《为人民服务》中，高度赞扬张思德同志为人民服务的精神，并向革命队伍中的每个人和革命根据地的广大人民群众提倡这种高尚的道德。新中国成立后，党及其领导下的人民军队又把为人民服务的精神传播到社会生活的各个领域，深深地影响和打动了全国人民。在社会主义建设时期，经过我们党的大力倡导，经过广大党员干部率先垂范，为人民服务的思想有了深厚的群众基础，为广大人民群众普遍接受，成为社会主义道德的核心内容和集中体现。改革开放和发展社会主义市场经济，又给为人民服务注入了新的时代内容，同时迫切地需要把为人民服务的传统进一步在全社会推广开来，成为全社会的共同的道德。党的十四届六中全会的决议明确提出，社会主义道德建设要以为人民服务为核心[①]。

以为人民服务为核心是社会主义道德的本质规定，也是社会主义道德价值的集中体现，在整个思想道德体系中处于核心的位置。社会主义道德说到底是一种服务于他人、奉献于社会的精神。为人民服务本身就是一种奉献精神，它直接体现着社会主义道德的内在要求，理所当然地是社会主义道德的核心。人们在社会生活中，无论职位高低，无论职业有何区别，只要认真从事自己的职业，热心为他人、为社会服务，都是为人民服务，都是在践行社会主义道德。

为人民服务作为社会主义思想道德体系的核心，也是社会主义思想道德建设的出发点和落脚点。在社会主义思想道德建设过程中，面对国内外复杂形势，为人民服务的奉献精神，只能强化，不能淡化，我们必须始终坚持以为人民服务为核心。

（二）以集体主义为原则

社会主义集体主义是建立在公有制基础之上，并为社会主义公有制服务的一种价值观念。它强调个人利益和集体利益的辩证统一，强调个人利益服从集体利益；强调集体要尽最大的努力关心个人利益，在集体价值实

---

① 十四大以来重要文献选编：下．北京：人民出版社，1999：2056．

现的同时，实现个人的价值。因此，社会主义集体主义既不以集体利益来否定个人利益，也不允许以个人利益来对抗集体利益，既克服了封建社会只重整体、不重个人的整体主义倾向，又克服了资产阶级社会只讲个人、不顾集体的个人主义弊端，实现了社会整体利益和个人利益的完美结合。

集体主义作为社会主义道德的基本原则，是社会主义经济社会全面、协调、可持续发展的必然要求。在社会主义社会，人民当家作主，国家利益、集体利益和个人利益根本上的一致，使集体主义成为调节三者利益关系的基本原则。集体主义从根本上体现了社会主义的性质。我们搞社会主义，必须坚持集体主义的原则。

我们党在改革开放时期始终坚持集体主义原则不动摇。十一届三中全会以来，在错综复杂的思想斗争和政治斗争中，党中央始终坚定不移地坚持集体主义的原则。在国家发展的历次重大关头，党中央所做出的决议都坚持集体主义的原则，坚持社会主义精神文明建设的正确方向。1986年党的十二届六中全会通过的《中共中央关于社会主义精神文明建设指导方针的决议》就指出："全民范围的道德建设，就应当肯定由此而来的人们在分配方面的合理差别，同时鼓励人们发扬国家利益、集体利益、个人利益相结合的社会主义集体主义精神，发扬顾全大局、诚实守信、互助友爱和扶贫济困的精神。"[1] 1996年党的十四届六中全会通过的《中共中央关于加强社会主义精神文明建设若干重要问题的决议》首次明确指出，社会主义道德建设，要以集体主义为原则[2]。1997年党的十五大再次指出，要深入持久地开展以为人民服务为核心、集体主义为原则的社会主义道德教育[3]。2001年中共中央印发的《公民道德建设实施纲要》在指出社会主义集体主义内涵的基础上强调，要把集体主义精神渗入社会生产和生活的各个层面，引导人们正确认识和处理国家、集体、个人之间的利益关系，提倡个人利益服从集体利益、局部利益服从整体利益、当前利益服从长远利

---

[1] 十二大以来的重要资料选编：下. 北京：人民出版社，1988：1181.
[2] 十四大以来重要文献选编：下. 北京：人民出版社，1999：2056.
[3] 十五大以来重要文献选编：上. 北京：人民出版社，2000：36.

益，反对小团体主义、本位主义和损公肥私、损人利己，把个人的理想与奋斗融入广大人民的共同理想和奋斗之中①。党的十八大强调，加强社会主义核心价值体系建设要深入开展爱国主义、集体主义、社会主义教育。丰富人民精神世界，增强人民精神力量②。2017 年，党的十九大则提出，加强思想道德建设要加强爱国主义、集体主义和社会主义教育，引导人们树立正确的民族观、国家观、文化观③。

改革开放四十年来，集体主义作为我国道德体系的基本原则已经深入人心。但由于种种原因，尤其是受西方资本主义的一些落后的思想观点的影响，国内一些人对我们所坚持的集体主义提出非议和责难，也引起了关于集体主义价值观的讨论。比如，有人认为集体主义是计划经济的产物，个人主义是市场经济的道德基础，我国搞社会主义市场经济，应该以个人主义取代集体主义作为我们的道德原则。对此，我们必须要有清醒的认识。一方面，随着社会主义市场经济的发展，我国的经济生活和道德生活正在发生着深刻的变化，在道德领域出现了许多新问题，我们必须不断补充、丰富和完善集体主义原则，以适应变化了的现实。另一方面，并不存在用个人主义代替集体主义的问题，这是由社会主义社会的本质决定的，也是发展社会主义市场经济的客观要求。发展社会主义市场经济，是同社会主义基本制度有机结合的。试图用经济事实、经济行为来否定道德崇高、否定奉献精神，用经济原则代替道德原则，不仅是荒唐的，而且是可怕的。

（三）以爱祖国、爱人民、爱劳动、爱科学、爱社会主义为基本要求

爱祖国、爱人民、爱劳动、爱科学、爱社会主义（以下简称"五爱"）是每个公民都应当承担的法律义务和道德责任，它们概括了社会主义道德的基本方面，继承了中华民族的传统美德和优良革命道德，为社会主义全体公民确立了明确的道德目标和价值取向。"五爱"的基本要求在改革开

---

① 十五大以来重要文献选编：下．北京：人民出版社，2003：1984-1985．

② 坚定不移沿着中国特色社会主义道路前进　为全面建成小康社会而奋斗．人民日报，2012-11-09．

③ 决胜全面建成小康社会　夺取新时代中国特色社会主义伟大胜利．人民日报，2017-10-28．

放前曾被表述为爱祖国、爱人民、爱劳动、爱科学、爱护公共财物，并作为道德公德规范。后在我国五届人大五次会议通过的宪法将爱护公共财物改成爱社会主义。此后，党中央一系列有关精神文明建设的决议、文件中，都将修改后的"五爱"作为我国人民必须遵守的基本要求加以强调。1986年，中共中央十二届六中全会通过的决议提出："社会主义道德建设的基本要求，是爱祖国、爱人民、爱劳动、爱科学、爱社会主义。"并强调要使"五爱"在社会生活的各个方面体现出来①。

爱祖国反映了社会主义国家公民与祖国之间的关系。爱国主义是千百年来固定下来的对自己祖国的一种深厚情感。热爱祖国是衡量个人道德品质好坏的重要标准，也是我们中华民族的光荣传统。在不同的历史条件下，爱国主义的性质和内容也是不同的。在当代中国，爱国主义同社会主义有机地统一于建设中国特色社会主义的伟大实践。爱国主义不是一句空话，而是一种义务，要落实到实际行动中。因此，爱祖国就要正确认识祖国的历史和现状，增强热爱祖国的感情和责任感，并把热爱祖国的深切情感和信念转化为爱国主义的实际行动。

爱人民是社会主义道德要求人们在处理同人民的关系时，一定要热爱人民。习近平在十三届全国人大一次会议闭幕式的讲话中要求："一切国家机关工作人员，无论身居多高的职位，都必须牢记我们的共和国是中华人民共和国，始终要把人民放在心中最高的位置，始终全心全意为人民服务，始终为人民利益和幸福而努力工作。"② 人民是一个历史范畴。不同的时代不同的国家，人民具有不同的含义。在我国，人民当家作主，是国家的主人。它泛指一切赞成、拥护和参加社会主义建设事业的阶级、阶层和社会集团。爱人民要提倡为人民服务的精神，要保障人民的民主权利，要关心人民的物质利益和文化利益，还要同一切危害人民群众实际利益的思想和行动做坚决斗争。

爱劳动是我们提倡的社会主义新的劳动态度。劳动是人类生存和发展的基础。对劳动采取什么态度从来就是衡量人们道德的一个重要标准。在

---

① 十二大以来的重要资料选编：下. 北京：人民出版社，1988：1180.
② 习近平. 在第十三届全国人民代表大会第一次会议上的讲话. 人民日报，2018-03-21.

私有制社会里，一切剥削阶级及其思想家，都否认劳动及劳动态度所具有的道德意义。社会主义制度的建立，使劳动人民的地位发生了质的变化，劳动成为一件光荣的事情。这就要求我们要树立社会主义主人翁责任感，热忱、积极、主动地劳动，不断提高社会生产力，为实现中华民族的伟大复兴梦做出自己的奉献。

爱科学强调公民要热爱科学、学习科学和运用科学。科学是人们认识世界、改造世界的重要武器。近些年来，科技飞速发展，科学愈来愈成为直接的生产力，成为对人类历史发展前途和现代国家兴亡具有重大影响的强大力量。当前，提倡热爱科学的精神，是我们实现"两个一百年"的奋斗目标的必然要求。每一个公民都应有为建成社会主义现代化强国学习科学的强烈愿望，努力学习钻研科学知识，使科学造福于人类、造福于社会。

爱社会主义是我国提出的一项政治道德要求。我国近现代一百多年的历史和实践告诉我们，中国要富强、自立于世界民族之林，必须走社会主义道路。社会主义制度的建立把一个山河破碎、满目疮痍、穷困落后的旧中国变成了一个初步繁荣昌盛的新中国。爱社会主义成为我们的一个基本道德要求。它要求我们正确理解社会主义的含义，科学对待新中国成立以来社会主义发展的历史，并积极投身于社会主义事业的建设之中。

（四）以社会公德、职业道德和家庭美德为着力点

社会、职业、家庭是人们活动的三大空间，社会公德、职业道德、家庭美德是这三大领域的道德。社会主义道德精神和道德原则，只有通过社会公德、职业道德、家庭美德才能具体化、可操作化，才能成为约束和激励人们行为的准则规范。党的十四届六中全会决议明确提出要开展社会公德、职业道德、家庭美德教育[①]。

社会公德是人类在长期的社会生活实践中逐渐积累起来的，用以维护社会公共生活秩序，调整人们之间关系的基本行为规范和道德准则。它是社会整体利益的反映，代表着全体社会成员共同的意志、愿望和要求。新

---

① 十四大以来重要文献选编：下．北京：人民出版社，1999：2056．

形势下，我们提倡的社会公德的主要内容有文明礼貌、助人为乐、爱护公物、保护环境和遵纪守法。社会公德是社会文明程度的重要标准，衡量一个社会文明程度的一个重要方面，就是该社会的公德水平的高低。近些年来，人们的社会公德意识逐步增强，但还存在着有一些人的社会公德意识不强的情况，各种违反社会公德的不文明、不道德现象时有发生。深入推进社会公德教育是一项全民共建的系统工程，需要全社会担当。当前，深入推进社会公德教育，要求我们针对社会公德失范，有针对性地建立健全社会公德运行机制，找准公德教育的切入点，注重公德教育的实效性。

职业道德是从事一定职业的人们在特殊的职业关系中，在长期的职业实践活动的基础上形成的，具有自身职业特征的职业道德原则和规范的总和。社会主义职业道德是一种新型的职业道德，伴随着社会主义事业的实践而形成和发展，是从事各种职业的劳动者应该遵循的职业行为习惯。党的十二届六中全会通过的《中共中央关于社会主义精神文明建设指导方针的决议》要求，在我们社会的各行各业，都要大力加强职业道德建设①。《公民道德建设纲要》中把社会主义职业道德概括为爱岗敬业、诚实守信、办事公道、服务群众、奉献社会五个规范②。加强职业道德建设，提高公民基本素质和道德品质，确立社会主义的世界观、人生观和价值观，对于各行各业提高工作效率，保证工作质量，促进经济建设和各项工作，具有非常重要的意义。

家庭美德属于家庭道德范畴，是指每个公民在家庭生活中应该遵循的基本行为准则。家庭美德包括关于家庭的道德观念、道德规范和道德品质。社会主义家庭美德的规范主要有"尊老爱幼、男女平等、夫妻和睦、勤俭持家、邻里团结"。家庭美德是家庭生活幸福的道德基础，是社会稳定、文明、健康发展的重要条件。能否正确对待和处理家庭问题，不仅关系到家庭幸福，也关系到社会的安定和谐。可见，如何进一步加强家庭美德建设，仍是我们当前值得关注的一个重要问题。

个人品德是个人在其道德行为中所表现出来的相对稳定的、一贯的

---

① 十二大以来的重要资料选编：下．北京：人民出版社，1988：1181．
② 十五大以来重要文献选编：下．北京：人民出版社，2003：1986．

文化建设新风貌

道德特征和倾向，是一定社会的道德原则和规范在个人思想和行为中的体现。社会公德、职业道德和家庭道德的最终实现都要诉诸个人品德。因此，党的十七大指出要加强社会公德、职业道德、家庭美德、个人品德建设①。由此，社会主义道德规范体系中的"三德"变成了"四德"。个人品德成为我国社会主义道德体系建设的新内容。我国社会主义的个人品德要求主要有自强自立、自尊自爱、勤俭节约、谦虚谨慎、责任意识、珍惜荣誉等规范。加强个人品德建设，必须不断提高人们的道德认识，陶冶人们的道德情操，锻炼人们的道德意志，引导人们养成良好的道德行为。

此外，我国的社会思想道德体系还强调以诚实守信为重点。社会主义市场经济是信用经济，没有诚信就没有秩序，市场经济就不可能健康发展。党的十八大要求"深入开展道德领域突出问题专项教育和治理，加强政务诚信、商务诚信、社会诚信和司法公信建设"②，党的十九大强调指出，要"推进诚信建设和志愿服务制度化，强化社会责任意识、规则意识、奉献意识"③。

三、国民思想道德素质有效提升

一个社会是否文明进步，一个国家能否长治久安，很大程度上取决于全体社会成员的思想道德素质。全面提高公民道德素质是社会主义道德建设的基本任务。改革开放四十年来，我们党坚持正确社会价值导向，弘扬主旋律，传播正能量，大力倡导一切有利于民族团结、社会进步、人民幸福的思想和精神，有力地帮助我国公民树立社会主义理想、信念和道德风尚。社会思想道德主流积极健康向上，大批思想道德模范涌现，各种典型

---

① 高举中国特色社会主义伟大旗帜　为夺取全面建成小康社会新胜利而奋斗. 人民日报，2007-10-25.

② 坚定不移沿着中国特色社会主义道路前进　为全面建成小康社会而奋斗. 人民日报，2012-11-09.

③ 决胜全面建成小康社会　夺取新时代中国特色社会主义伟大胜利. 人民日报，2017-10-28.

时代精神形成，良好的社会风气日益浓厚，人民的精神生活日益丰富，人民群众展示出良好的精神风貌，国民思想道德素质有效提升。

（一）社会思想道德主流积极健康向上

改革开放以来，我们党、国家、民族的面貌发生了前所未有的变化，人民的面貌也发生了前所未有的变化，全社会思想道德主流始终呈现出积极健康向上的态势。特别是党的十八大以来，随着党风政风的明显好转，社会风气出现许多可喜变化，人民群众的精神风貌呈现出新的气象，人们理想信念更加坚定，社会思想观念不断更新，社会创造活力大大增强，民族凝聚力向心力显著提升，人民文明素质和社会文明程度日益提高。

我国思想道德建设主流积极健康向上表现在方方面面，但从整体上来看，主要体现在以下几个方面：一是社会主旋律更加响亮。改革开放以来，伴随着我国经济迅速的发展，综合国力的提升，人们对马克思主义的信仰、对社会主义的信念、对改革开放和现代化建设的信心、对党和政府的信任进一步坚定。尤其党的十八大以来，在以习近平同志为核心的党中央的坚强领导下，各地区各部门高举中国特色社会主义伟大旗帜，认真学习贯彻习近平新时代中国特色社会主义思想，进一步坚定"四个自信"，中国特色社会主义和中国梦深入人心，全党全社会思想上的团结统一更加巩固。二是正能量更加强劲。爱国主义、集体主义、社会主义思想及"爱国守法、明礼诚信、团结友善、勤俭自强、敬业奉献"的二十字基本道德规范日益深入人心，为人民服务精神不断发扬光大，崇尚先进、学习先进蔚然成风，追求科学、文明、健康的生活方式已成为人民群众的自觉行动。三是社会思想观念不断更新。伴随着社会主义市场经济的建立和完善，我国公民的自立意识、竞争意识、效率意识、民主法制意识、民主平等意识、公平公正意识、开拓创新意识、积极进取意识等观念日益深化。这些积极向上的思想成为支撑我们整个社会不断向前发展的动力，成为我们当前这个社会发展的助推器。

总之，在全党全国各族人民的共同努力下，我国思想道德主流呈现出积极健康向上的形势。可见，伴随着经济发展、社会进步，社会思想道德水平不断提高，那种认为经济社会快速发展、思想道德处于退步的道德滑坡论只看到道德建设的支流而看不到主流，是偏颇的，也是不符合客观实际的。当然，我们也不可否认，市场经济在增强我国经济发展活力的同时，其逐利本性也给思想道德领域带来不少问题，信仰缺失、道德缺失、诚信缺失等情况仍然比较突出。一些社会成员理想信念模糊甚至动摇，世界观、人生观、价值观扭曲，是非不分、善恶不分、美丑不分；一些领域道德失范现象特别是拜金主义、享乐主义、极端个人主义有所滋长，以权谋私、造假欺诈、见利忘义、损人利己等时有发生。因此，我们必须充分认识到加强思想道德建设的重要性和紧迫性，适应新时代、新任务、新要求，继续把思想道德建设摆在突出位置，加大教育引导和规范治理力度，把长期以来特别是党的十八大以来打下的有利基础和形成的良好态势巩固好、发展好。

（二）涌现大批思想道德模范

改革开放以来，伴随着社会主义市场经济建立和发展，充分发挥道德模范的示范引领作用、学习宣传道德模范活动显得尤其迫切。为此，我们党采取多种形式对我们身边的道德模范广泛开展宣传学习活动。比如，自2007年以来，中央宣传部、中央文明办等单位联合举办了六届全国道德模范评选表彰活动；自2003年以来，中央电视台承办的"感动中国"的品牌栏目连续多年向全国观众推出了众多令人景仰的人物。四十年来，我们党坚持培育和践行社会主义核心价值观，不断加强公民道德教育，在全社会形成了崇德向善、见贤思齐、德行天下的浓厚氛围，在思想道德建设的实践中，涌现出一大批事迹突出、品德高尚、群众认可度高、示范引领作用大的思想道德典范，为社会各界和人民群众树立了道德标杆。

道德模范是指在一定社会道德实践活动中涌现出来的、代表社会道德需要和前进方向的、具有提升社会大众的道德素质水平的先进典型人物。不同时代、不同社会产生代表不同需求的道德模范。一般而言，社会道德模范集中体现着他们所处年代的统治阶级所提倡的理想人格和道德品格。社会主义道德模范，就是在我们党的领导下，在社会主义的实践中产生的，代表着我们党和广大人民群众所尊崇的社会主义的道德品质要求。

道德模范是社会道德建设的重要旗帜，是道德实践的榜样。我国道德模范来自基层各行各业，是各行各业的楷模，比如"草鞋书记"杨善洲、"当代雷锋"郭明义、"时代楷模"黄大年等，他们用自己的先进事迹感召群众，带动和影响了一批又一批身边的人参与思想道德建设。这对于在全社会大力弘扬社会公德、职业道德、家庭美德，营造良好的社会风气，促进社会主义核心价值体系建设，为经济社会发展提供强有力的思想道德保障，具有十分重要的意义和作用。道德模范的涌现展示了社会主义思想道德建设的丰硕成果，激发了人民群众投身思想道德建设的热情，促使我国思想道德建设焕发出勃勃生机。

习近平总书记在第五届全国道德模范评选表彰活动的批示中指出："隆重表彰全国道德模范，对展示社会主义思想道德建设的丰硕成果，彰显中华民族昂扬向上的精神风貌，凝聚全国各族人民团结奋进的力量，具有重要意义。"[①] 现在我们比历史上任何时期都更接近中华民族伟大复兴的目标，也更加需要巩固全国各族人民团结奋斗的共同思想基础。大力弘扬这笔宝贵的精神财富，将为实现中华民族伟大复兴的中国梦凝聚起强大的精神力量，提供有力的道德支撑。这就要求我们认真学习贯彻党的十九大精神，认真学习贯彻习近平新时代中国特色社会主义思想，牢固树立政治意识、大局意识、核心意识、看齐意识，坚定道路自信、理论自信、制度自信、文化自信，紧紧围绕统筹推进"五位一体"总体布局和协调推进"四个全面"战略布局，坚持以人民为中心的发展思想，坚持培育和践行社会主义核心价值观，扎实推进思想道德建设，深入实施公民道德建设工程，持续深化道德模范宣传学习活动，着力培育社会公德、职业道德、家庭美德、个人品德，着力提高人民思想觉悟、道德水准、文明素养和全社会文明程度，着力构筑中国精神、中国价值、中国力量，为进行伟大斗争、建设伟大工程、推进伟大事业、实现伟大梦想提供强大精神力量和有力道德支撑，为决胜全面建成小康社会、夺取新时代中国特色社会主义伟

---

① 更好构筑中国精神、中国价值、中国力量　为中国特色社会主义事业提供精神动力和道德滋养. 人民日报，2015-10-14.

（三）形成各种典型的时代精神

改革开放的四十年间，在把握机遇与应对挑战中，我们产生了抗洪精神、抗击"非典"精神、载人航天精神、抗震救灾精神、奥运精神以及志愿者精神等等。这些典型的时代精神展现了中华民族不屈不挠、奋发向上的精神，从不同侧面反映了当代中华民族的整体精神面貌，标志着我国改革开放以来的时代精神文明，充分体现了四十年来社会主义思想道德建设的累累硕果。

1. 抗洪精神

1998年夏，我国江南、华南大部分地区及北方局部发生了有史以来的特大洪水，在抗洪抢险斗争中，形成了伟大的抗洪精神。江泽民在评价九八抗洪抢险斗争时，强调指出，在这场伟大的抗洪抢险斗争中，我们形成了万众一心、众志成城，不怕困难、顽强拼搏，坚韧不拔、敢于胜利的伟大抗洪精神，这是无比珍贵的精神财富。

2. 抗击"非典"精神

2002年11月至2003年6月，我国一些地区发生了传染性非典型性肺炎疫情，面对非典型性肺炎这场突如其来的重大灾害，共产党员冲锋在前、勇挑重担；人民群众团结一致、相互支援；医务工作者舍生忘死、前仆后继；科技工作者夙兴夜寐、全力攻关。在抗击"非典"的关键时刻，胡锦涛向全党和全国人民发出号召："在当前这场防治非典型肺炎的斗争中，我们要大力弘扬万众一心、众志成城，团结互助、和衷共济，迎难而上、敢于胜利的精神。"① 胡锦涛提出的抗击"非典"的二十四字精神，是对人民群众抗击"非典"伟大精神的精辟概括，是对民族精神的新的丰富，是鼓舞全党和全国人民夺取抗击"非典"斗争胜利的强大动力。

3. 载人航天精神

2005年10月17日，我国自主研制的神舟六号载人飞船顺利返回。喜

---

① 弘扬中华民族精神 运用科学技术力量 万众一心 众志成城 科学防治 战胜非典. 人民日报，2003-04-30.

讯传来，举国欢腾。神舟六号载人航天飞行圆满成功，标志着我国在发展载人航天技术、进行有人参与的空间试验活动方面取得了又一个具有里程碑意义的重大胜利，是中国人民攀登世界科技高峰的又一伟大壮举，是我国改革开放和现代化建设取得的又一骄人成就，是伟大祖国的荣耀。伟大的事业孕育伟大的精神，伟大的精神推动伟大的事业。在实施载人航天工程的进程中，中国航天人牢记党和人民的重托，满怀为国争光的雄心壮志，自强不息、顽强拼搏、团结协作、开拓创新，取得了一个又一个辉煌成果，也铸就了特别能吃苦、特别能战斗、特别能攻关、特别能奉献的载人航天精神。

4. 抗震救灾精神

2008年5月12日，四川汶川发生了特大地震，这是新中国成立以来破坏性最强、波及范围最广、救灾难度最大的一次地震灾害。胡锦涛指出："在同四川汶川特大地震灾害的艰苦搏斗中，我们的民族和人民展示出了十分崇高的精神。这就是万众一心、众志成城，不畏艰险、百折不挠，以人为本、尊重科学的伟大抗震救灾精神。"① 正是在抗震救灾精神的鼓舞下，我们夺取了抗震救灾的重大胜利。

5. 北京奥运精神

2008年，我国成功举办北京奥运会和残奥会，极大激发了全国各族人民的爱国热情，赢得了国际社会的广泛赞誉。在历时七年的奥运筹办过程中，我们牢记党和人民的重托，以最大的热情和最大的努力，不畏艰险，奋力拼搏，涌现出了许许多多可歌可泣的感人事迹，形成了以为国争光的爱国精神、艰苦奋斗的奉献精神、精益求精的敬业精神、勇攀高峰的创新精神、团结协作的团队精神为主要内容的奥运精神。

6. 志愿服务精神

志愿服务精神是指一种精神体现，志愿服务的精神概括起来是：奉献、友爱、互助、进步。这是我们党长期以来所倡导的一种精神。在改革开放以来的每次重大自然灾害或者重大活动比如抗洪救灾、抗震救灾、抗击"非典"和奥运活动中，志愿服务精神都得以弘扬和继承。2008年我国

---

① 胡锦涛文选：第3卷. 北京：人民出版社，2016：83.

主办的奥运会中有170万名志愿者,是奥运史上志愿者最多的一届。他们克服了种种困难,尽职尽责、耐心细致地做好每个岗位的工作,以默默的付出、真诚的微笑和热情周到的服务得到了各方的好评。志愿服务是道德追求,是价值认同,志愿服务的过程是志愿者自我教育、自我提高的过程。在历次志愿服务行动中,许多志愿者用自己的亲身经历和真情实感传播志愿理念、弘扬志愿精神。

综上,这些典型的时代精神,是中华民族伟大精神的重要内容,是社会主义道德的集中体现和新的发展,能够极大地激发人们投身社会主义思想道德建设的积极性,促使人们在改造客观世界的同时改造主观世界,提高自身的思想道德修养,促进社会整体思想道德水平的跃升,是我国道德文明程度大大提升的重要标志。

第四章　文化整体实力与竞争力实现飞跃

文化实力和竞争力是国家富强、民族振兴的重要标志，是建设社会主义文化强国的重要支撑。党的十八大对增强文化整体实力和竞争力提出新要求、做出新部署，从文化事业与文化产业、文化传播能力以及文化对外开放等方面对文化建设提出更高的要求。改革开放四十年，中国在成功探索建设中国特色社会主义的道路上，实现文化事业和文化产业蓬勃发展，文化传播体系更加完善、对外文化交流日益活跃，向世界展示了中华文化的独特魅力。

一、文化产业成为支柱产业

改革开放四十年，伴随着思想解放和经济腾飞的历史车轮，我国文化建设取得举世瞩目的伟大成就，特别是文化产业异军突起，迅猛发展，成为文化建设中一道亮丽的风景线。

（一）改革开放四十年文化产业的实践历程

我国的文化产业是随着改革开放的进程而逐步兴起、发展和壮大的。

▪ 文化建设新风貌

改革开放以来，政府十分重视运用产业政策规范文化产业的健康发展，文化产业走过了从不自觉到自觉、从被动到主动、从个别到系统的发展过程，其演变发展可以分为四个阶段。

第一阶段（1978—1992年）：萌芽阶段。

迎着改革浪潮，我国上海、广州等沿海城市率先出现了营利性的音像制品、舞厅和茶社等文化产品。这些文化产品的生产和销售，让多数中国人开始意识到文化也可以带来经济收益，有力地冲击了我国民众消费的传统思想和思维方式。国家出台了管理这些文化产品的若干政策，如1987年的《关于改进舞会管理问题的通知》。同时，针对广告业的迅速发展，1982年国务院颁布了《广告管理暂行条例》。从20世纪80年代中后期开始，国家分期分批减少对媒介事业经费的投入，实行"独立核算、自负盈亏、照章纳税、财政不予补贴"的政策，逐步结束了这些单位吃"皇粮"的历史。1985年制定的《中共中央关于制定国民经济和社会发展第七个五年计划的建议》指出，必须"进一步发展新闻出版、广播电视、文学艺术等各项文化事业"[①]，这为我国发展文化事业提供了政策支持。这一阶段文化还没有被赋予"产业"地位。广义的文化产业实际上也没有出现，国家只是出台了针对个别行业发展中存在的问题的政策要求。

第二阶段（1993—2002年）：形成和初步发展阶段。

这一时期，因确立了社会主义市场经济体制改革目标，相关一系列政策的出台，使得我国文化产业迅速形成并得到初步发展。一是出台了一系列指导文化体制改革的政策措施，二是出台了比较系统地发展文化事业的经济政策。2000年，国务院颁布了《关于支持文化事业发展若干经济政策的通知》，比较系统地制定了鼓励我国文化产业发展的财政、税收和金融政策。三是高度重视法治建设，大力推进依法管理。比如，出台了《著作权法》《广播电视管理条例》《电影管理条例》《出版管理条例》等法律法规，成为规范各个文化行业有序发展的重要工具。此外，党的十五届五中全会通过的《中共中央关于制定国民经济和社会发展第十个五年计划的建

---

① 中共中央关于制定国民经济和社会发展第七个五年计划的建议. 北京：人民出版社，1985：26.

议》，首次在中央文件里正式提出"文化产业"和"文化产业政策"这一概念，这标志着我国的文化产业发展已经进入一个新阶段，标志着我国政府开始有意识地运用产业政策推动文化产业发展，具有重要的意义。

第三阶段（2003—2013年）：全面发展阶段。

这一阶段，随着中国加入世界贸易组织和国际文化竞争的日益加剧，文化产业的战略地位得以确立，国家集中出台了加快文化体制改革和鼓励各种经济成分共同发展文化产业的政策，政策基调以鼓励为主。2003年，党的十六届三中全会通过的《中共中央关于完善社会主义市场经济体制若干问题的决定》，进一步确认了文化产业的战略地位，国家开始将文化产业列为国民经济的重要产业，纳入国民经济发展总体规划。2006年9月，《国家"十一五"时期文化发展规划纲要》印发，成为一个时期内指导我国文化产业和文化事业发展的纲领性文件，正式把文化发展纳入到了国家发展的整体规划之中。2007年10月，党的十七大报告明确指出"要大力发展文化产业"，"推动社会主义文化大发展大繁荣"[1]。至此，文化产业在我国开始"遍地开花"，这一时期，网络游戏产业、电影产业、出版产业成为我国文化产业领军者，我国文化产业发展的融资渠道进一步拓宽，文化产业发展趋于成熟。

第四阶段（2013年至今）：高度发展阶段。

这一阶段文化产业作为"朝阳产业"蓬勃发展。首先，文化产业上升为国家战略，"文化产业成为国民经济支柱性产业"[2]已经被明确纳入2020年全面建成小康社会的指标体系。政府先后出台了《深化文化体制改革实施方案》《国家"十三五"时期文化发展改革规划纲要》等重要文件，明确了文化产业发展的目标任务，大大提振了文化产业界信心，为文化产业发展注入了强大动力。其次，文化产业与国民经济紧密融合，对国民经济的贡献率不断上升。文化产业链条与实体经济相关领域融合发展的趋势日趋明显，文化越来越成为产业创新的源泉和转型升级的重要力量。

---

[1] 高举中国特色社会主义伟大旗帜 为夺取全面建设小康社会新胜利而奋斗. 人民日报，2007-10-25.

[2] 中共中央关于深化文化体制改革推动社会主义文化大发展大繁荣若干重大问题的决定. 人民日报，2011-10-26.

同时，文化还与第一、第二产业相融合，自2004年国家统计局发布《文化及相关产业分类》以来，中国文化产业法人单位增加值年均增速超过20%，高于同期GDP年均增速6个百分点以上。各地文化产业都取得了长足发展，大多数地方文化产业的增长速度高于经济的整体增长速度。再次，文化创意产业开启新的产业链。我国文化创意产业园区的建设从20世纪90年代起步，到2002年末只有48个园区建成，2012年时出现井喷态势，达到1457个，并在2014年时达到2570个园区的顶峰。2015年，园区数量稍有回落，全国正常运作的园区在2500个左右①，文化创意产业成为经济发展新常态的重要引擎和助推器。

（二）文化产业取得的成就

我国文化产业的发展相对于发达国家而言起步较晚，但受市场需求、国家政策、科技进步等客观因素影响，我国的文化产业在国民经济中的比重不断增长，文化产业成为经济新的增长点的趋势日益明显，在实现经济、政治、社会、文化协调发展中的作用也不断凸显，取得了许多可喜的阶段性成就。

1. 成为国民经济新的增长点

在我国，文化产业作为一种新兴的朝阳产业正呈现出一种强劲的增长势头，并逐步成长为我国国民经济的新的增长点。这一时期，各地文化产业都取得了长足发展，大多数地方文化产业的增长速度高于经济的整体增长速度。截至2016年，全国各类文化（文物）单位31.06万个，比上年末增加1.15万个；从业人员234.81万人，增加5.37万人。文化事业费占财政总支出的比重为0.41%②。2017年上半年全国规模以上文化及相关产业5.4万家企业实现营业收入43874亿元，比上年同期增长11.7%，增速提高3.8个百分点③。文化产业经过多年来的快速发展形成了多门类、多层

---

① 2017—2022年中国文化创意产业园行业市场深度调研研究报告.(2016-11-24). https://max.book118.com/html/2016/1114/62984270.shtm.

② 中华人民共和国国文化部2016年文化发展统计公报.(2017-05-15). http://www.gjct-wh.com/meiti_detail.asp?id=4662.

③ 2017年上半年全国规模以上文化及相关产业企业营业收入增长11.7%.(2017-07-28). http://www.gov.cn/xinwen/2017-07/28/content_5214056.htm.

次、多样化的文化生产和服务体系。

文化产业规模的扩大,较好地满足了广大人民群众日益增长的多元化、多层次的精神文化需求,促进了社会文化生活的繁荣和发展。2016年全国居民人均教育文化娱乐支出1 915元,比2012年增长41.7%,年均增长9.1%,快于全国居民人均消费支出年均增速1.7个百分点[①]。通过多年的发展,我国文化产业形成一定规模,文化产业逐渐成为我国国民经济新的经济增长点,为我国经济的增长做出了巨大贡献。

2. 区域文化与文化企业产业化步伐加快

区域性文化产业的发展是我国文化产业发展的基本形态之一。在一些地区,文化产业已经成长为当地的支柱型产业,成为衡量其综合竞争力的关键性因素之一。以北京和深圳为例,目前北京市在发展文化产业方面所拥有的资源和资金投入是全国最多的,它已经成为国内文化产业发展最快的区域。尤其是文化创意产业的发展,2015年全市规模以上文化创意产业收入合计13 451.3亿元,资产总计20 140.2亿元[②],文化创意产业在拉动首都经济增长、推动经济转型升级、加快全国文化中心建设中的作用进一步凸显。深圳是最早实现企业办文化的城市,其文化产业具有文化科技型的特征,涌现出了"华侨城集团""深圳华强"等企业办文化的成功范例。文化产业在我国很多地方都在以前所未有的速度迅速崛起,一些地区如云南、山西、四川积极探索符合当地特色的文化产业发展模式,并取得了重要进展。全国各地文化资源都在加快进行产业化的步伐,各级主管部门都在积极探索由文化资源优势转化为文化产业强势的新方法、新途径。

文化企业则通过转企改制,重塑和打造了一批有竞争力、有实力、有活力的文化市场主体,我国培育出一批自主经营、自负盈亏的文化企业,大型文化企业不断呈现出核心竞争力强、具有较大影响力的特点。例如,北青传媒股份有限公司、西安曲江文化产业投资(集团)有限公司、浙江横店影视娱乐有限公司、宋城演艺发展股份有限公司和辽宁出版传媒股份

---

① 统计局:去年我国恩格尔系数降至30.1%. (2017-07-06). https://finance.jrj.com.cn/2017/07/06101522705842.shtml.

② 北京文化创意产业发展白皮书(2016). 北京市国有文化资产监督管理办公室,2016.

有限公司等多家文化企业先后上市或实现再融资。同时，越来越多的文化企业成为文化体制改革的实践者与受益者。

3. 文化产业立法有新突破

文化产业的发展离不开法制保障。为了推动文化产业的快速发展，我国积极开展了有关文化立法的工作，并取得了一系列法律成果。1984年《专利法》和1990年《著作权法》的出台，标志着我国文化产业法律保障体系的逐步形成。随后，我国进一步修正补充了《专利法》《著作权法》。2001年新出台的《计算机软件保护条例》、2003年的《知识产权海关保护条例》、2006年的《信息网络传播权保护条例》等一系列文化产业立法，使我国文化产业立法体系日益成熟。改革开放多年来，我国在文化产业立法方面逐渐形成了一个多层次的法律体系。《公共文化服务保障法》的出台是文化立法的一个突破，着眼点在于保障人民群众基本的文化权益，规范公益性和普惠性的文化建设和文化服务。2017年3月正式出台的《公共文化服务保障法》为我国现代公共文化服务体系建设提供了法律依据，实现了文化领域立法的历史性突破。总体上，我国通过各层次的文化产业立法完善了文化产业的宏观指导、调控政策，调整了文化产业的市场准入、融资、税收等制度，加强了知识产权保护，基本构建了知识产权保护法律机制和文化产业市场发展的法律机制。这同时也表明我国的文化产业正逐步步入制度化、法制化的轨道。

4. 文化产品贸易逆差缩小

改革开放以来，我国文化产品和服务出口出现了可喜的增长势头。文化产品"走出去"作为一个战略是在《中共中央关于制定国民经济和社会发展第十个五年计划的建议》中提出来的，《建议》指出："实施'走出去'战略，努力在利用国内外两种资源、两个市场方面有新的突破"[1]。国家确定了重点支持的文化出口企业和项目，并积极推进以文化企业为主体的对外文化贸易。大量文化商品通过交换、交易等形式输出到海外，版权贸易结构逐年改善。同时，我国文化产品和服务出口正在逐年增加，并且逐渐挖

---

[1] 中共中央关于制定国民经济和社会发展第十个五年计划的建议. 人民日报（海外版），2000-10-19.

掘和拓展出文化产品和服务出口的潜力和空间。中国的文化贸易始于1979年的商业性演出，经过30多年的发展，文化贸易的形式和种类逐渐多样化，包括海外演出、影视、图书、网络游戏、动漫等多种形式。据统计，自2004年至2010年，中国对外文化集团公司共向全球近80个国家和地区派出演出团组630多个，演出33 000多场，其中商业演出比例超过60%，实现直接贸易价值5.5亿元[①]。

中国电影是文化产品"走出去"的一个重要方面。国产电影加大走向世界的步伐，国产电影票房收入在海外连续多年实现较大增长，特别是从2004年开始，出口影片的数量超过进口影片。2015年，国产片票房收入为237.2亿元，进口片票房收入为163.3亿元，国产片占比为59.2%[②]。

据统计，2018年，我国文化产品和服务进出口总额达1 370.1亿美元，同比增长8.3%，其中：文化产品进出口总额1 023.8亿美元，同比增长5.4%；文化服务进出口总额346.3亿美元，比2017年增长17.8%[③]。文化出口产品和服务的国际竞争力明显提升。成功的版权输出是展示中华文化、沟通东西方学术文化交流的重要渠道，版权输出，输出的不仅仅是书，更多的是建立国家口碑，让世界进一步了解中国。

（三）发展经验

1. 促进文化产业又好又快发展，必须坚决贯彻落实"五位一体"的要求，推动文化产业全面协调可持续发展

"五位一体"发展战略高度概括和总结了国内外的发展经验，揭示了经济社会发展的客观规律，是发展中国特色社会主义必须坚持和贯彻的重大战略思想，同样也是发展中国特色文化产业所必须把握的重要原则。改革开放以来，我国把发展文化产业着力点放在满足人民群众精神文化需求和促进人的全面发展上，同时妥善处理社会效益与经济效益的关系，坚持

[①] 张宇. 演艺产业"走出去"的趋势. 光明日报，2011-05-26.
[②] 2015年全国电影票房突破四百亿 国产片再胜进口片. (2015-12-06). http://news.youth.cn/gn/201512/t20151206_7386216.htm.
[③] 报告显示我国文化产品服务出口质量不断提高. (2019-06-10). http://www.cinic.org.cn/hy/wh/540958.html.

从中国的国情出发，统筹兼顾不同地区的文化产业发展，尤其是加大对西部地区和农村文化产业的扶持力度，都取得了显著效果。

2. 促进文化产业又好又快发展，必须切实转变政府职能，不断提高政府部门的宏观管理水平

根据国家关于政府部门要认真履行政策调节、市场监管、社会管理和公共服务四项主要职能的要求，四十年来，文化部狠抓了完善产业政策、培育市场主体、创新文化业态、搭建服务平台、引导产品出口、加强理论研究等关键环节的工作，特别是对文化系统文化产业工作进行了有效的宏观调控和协调指导。

3. 促进文化产业又好又快发展，必须坚持从各地实际出发，打造具有地方特色的文化产业重点项目

为避免同质化发展、恶性竞争，国家鼓励引导各地立足于本地实际，因地制宜地发展文化产业，培育出一大批独具特色的文化产业项目。如广西阳朔所精心创作的融真山真水和民族歌舞于一体的大型山水实景演出《印象·刘三姐》，不仅给观众带来美的享受，而且创造了很好的经济效益，已成为一种成功的运行模式。如上海的《时空之旅》、西安的《长恨歌》、成都的《金沙》、云南的《印象·丽江》、杭州的《印象·西湖》等都属于这种类型的文化产业项目。

4. 促进文化产业又好又快发展，必须在政府积极引导的前提下，充分发挥市场配置资源的基础性作用

文化产业发展的实践，使文化系统初步形成"党委领导、政府管理、行业自律、企事业单位依法运营"的管理体制，政府与市场的作用日益明晰。根据政企分开、政事分开、管办分离的原则，必须一方面按照社会管理的责任，积极抓好产业引导，一方面遵循市场经济的规律，注意发挥市场配置资源的基础性作用，运用市场机制调节文化产业结构升级调整，根据市场供求关系，指导文化产品和服务的生产、流通和消费。

5. 促进文化产业又好又快发展，必须树立世界眼光，积极参与国际文化产业合作与竞争

在世界经济全球化深入发展、文化多元化不可逆转的大趋势下，文

化产业的发展离不开与世界各国的交流与合作。有没有世界目光，在很大程度上影响和决定着我国文化产业的发展水平。改革开放后，尤其是党的十八大以来，我国站在时代的高起点上，以更加开放的胸襟和姿态、以更加有力的战略和举措，主动参与国际文化产业合作与竞争。不仅积极用好国内文化资源，而且主动用好国际文化资源；不仅积极开发国内文化市场，而且主动开辟国际文化市场；不仅"引进来"，学习借鉴国外先进的技术和管理经验，而且"走出去"：在参与激烈的国际文化竞争中，锻炼队伍，增长才干，抢占市场份额，提高我国文化产业整体实力和竞争力。

6. 促进文化产业又好又快发展，必须增强创新意识，不断探索中国特色的文化产业发展道路

文化产业在我国是一个新兴产业，国际上没有现成的经验可以照抄照搬，国内又无成熟的做法可以借鉴。只有发扬改革创新精神，大胆探索，勇于实践，才能走出一条具有中国特色的文化产业道路，创造出自己的发展模式。改革开放实践证明，增强创新意识，才能充分释放中国人民的智慧和创造性，发挥我国社会主义制度的优势，开创出一条有中国特色的文化产业发展之路，实现中国文化产业的跨越性发展。

二、文化传播能力不断提高

"世界那么大，问题那么多，国际社会期待听到中国声音、看到中国方案，中国不能缺席。"[①] 在全球信息爆炸、国际话语权日益重要的今天，国家形象的塑造成功与否关系到大国成长的前途，国家形象已经成为国家利益的重要元素之一。改革开放以来，我国媒体的对外传播在党的创新理论指导下一步步塑造党和国家形象，初步构建了中国特色社会主义话语体系，不断增强中国话语的感召力、影响力。

---

① 国家主席习近平发表二〇一六年新年贺词. （2015-12-31）. http：//www.xinhuanet.com/politics/2015-12/31/c_1117643074.htm.

■ 文化建设新风貌

（一）文化传播的发展历程

1. 让世界了解中国，让中国了解世界（1978—1992年）

这一时期，我国媒体着眼于世界不断变化的现实，着眼于中国与世界的新的历史关系，对外宣传的指导思想是"中国是维护世界和平的重要力量"，"谁搞霸权，我们就反对谁"①，这些新的思想使中国媒体的国际传播在新的时代环境下，有了新的定位，有了新的传播内容，并且有了新的发展方向。

与此同时，中国国际传播本着坚持维护国家利益的原则，在关涉国家利益时，根据问题的是非曲直，从中国人民的根本利益出发，独立自主地决定自己的态度和立场，"不拿原则作交易"。邓小平强调说："任何外国不要指望中国做他们的附庸，不要指望中国会吞下损害我国利益的苦果"②。中国媒体在坚持"用事实说话"的基本立场的同时，在国际传播中采取多种形式，反对任何形式主义。邓小平提出了媒体报道形式主义问题，要求新闻媒体的新闻报道必须"生动活泼"，"不在文字长短，而是要写出生动的过程，而且有结果"③。邓小平的这些思想对于如何具体进行国际传播具有直接参考价值。

2. "向世界说明中国"（1992—2002年）

这一时期，我国媒体进行国际传播的目的是要争取使我国的声音能够达到世界主要地区，打破西方对国际舆论的垄断，使我们在世界舆论格局中占据较为有利的位置。在1999年初的全国对外宣传工作会议上，江泽民明确提出了"向世界说明中国"的外宣纲领："对外宣传工作的着力点应该是，继续向世界说明我国改革和建设的伟大成就，说明邓小平同志开创的建设有中国特色社会主义道路的正确性，充分展示中国人民坚定不移地走自己的路、实现社会主义现代化的形象；继续向世界说明我国改革开放的方针政策，充分展示中国人民坚持实行改革开放的形象；……继续向世

---

① 邓小平论统一战线. 北京：中央文献出版社，1991：281.
② 邓小平文选：第3卷. 北京：人民出版社，1993：3.
③ 邓小平文选：第1卷. 北京：人民出版社，1994：150.

界说明我国社会主义民主法制建设的成就,充分展示中国人民依法治国,建设社会主义法治国家的形象。"① 同时,强调国际传播区别于国内传播的思想。

这一时期,互联网传播也越来越受到重视。1994 年 4 月 20 日,中国实现与国际互联网的第一条 TCP/IP 全功能链接,成为互联网大家庭中一员。1997 年元旦,《人民日报》主办的人民网正式上线,是中国开通的第一家中央重点新闻宣传网站。1999 年 2 月 26 日,江泽民在全国对外宣传工作会议上的讲话中强调:"信息传播业正面临着一场深刻革命,以数字压缩技术和卫星通讯技术为主要标志的信息技术的发展,互联网的应用,使信息达到的范围、传播的速度与效果都有显著增大和提高。世界各国争相运用现代化信息技术加强和改进对外传播手段。我们必须适应这一趋势,加强信息传播手段的更新和改造,积极掌握和运用现代传播手段。"② 这是首次见诸公开报道的党和国家领导人对新闻媒体要积极利用网络传播的重要言论,对于我们在当今现代信息技术不断发展的背景下,如何做好国际传播工作具有重要指导意义。

3. "中国要建设国际一流媒体"(2002—2012 年)

21 世纪初,在各国竞相发展对外传播能力、国际传媒市场激烈竞争的背景下,一国如果没有国际一流媒体,就不可能有国际影响力与国际话语权。

新世纪新阶段宣传思想工作面临着新形势新任务,2010 年 10 月,党的十七届五中全会通过的《中共中央关于制定国民经济和社会发展第十二个五年规划的建议》强调:"加强重要新闻媒体建设,重视互联网等新兴媒体建设、运用、管理,把握正确舆论导向,提高传播能力。"③

在媒体发展上,媒体的国际传播要求能够及时、灵敏地传递国内国际信息,沟通国内国际两个大局。2008 年 6 月 20 日,胡锦涛在视察《人民日报》时,要求办报纸也要从统筹国内国际两个大局的角度出发。2008 年

---

① 江泽民. 站在更高起点上把外宣工作做得更好. 人民日报,1999-02-27.
② 同①.
③ 十七大以来重要文献选编:中. 北京:中央文献出版社,2011:993.

10月,党的十七届三中全会第一次明确提出中国要建设国际一流媒体的目标,并且就什么是国际一流媒体,如何建设国际一流媒体做出了明确的指示。这些重要论述,为中国提高国际传播能力建设水平提供了基本路径和前进方向。

4."提高国际话语权"(2012年至今)

这一时期对外宣传工作重点是增强我国的国际话语权。党的十九大报告强调:"推进国际传播能力建设,讲好中国故事,展现真实、立体、全面的中国"①。新时代对中国话语的国际传播提出了新要求,中国在各个方面努力构建契合改革发展大势的话语体系,创新话语表达方式,提高话语实践效果兑现性,讲好中国故事,传播好中国声音。2013年8月,习近平在全国宣传思想工作会议上指出:在全面对外开放的条件下做宣传思想工作,一项重要任务是引导人们更加全面客观地认识当代中国、看待外部世界。

2013年12月,习近平在十八届中央政治局第十二次集体学习时指出:提高国家文化软实力,要努力提高国际话语权②。2016年2月,在党的新闻舆论工作座谈会上,习近平又强调,要高度重视增强国际话语权的问题③。这些论述明确地指出了提升国际话语权是对外宣传工作的一项重要任务。

面对如何提升国际话语权这一课题,中国政府提出了加强对外传播话语体系建设和加强国际传播能力建设两个途径。习近平指出:要精心构建对外话语体系,增强对外话语的创造力、感召力、公信力。要创新对外话语表达方式,研究国外不同受众的特点,采用融通中外的概念、范畴、表述,把我们想讲的和国外受众想听的结合起来,把"陈情"和"说理"结合起来,把"自己讲"和"别人讲"结合起来,使故事更多为国际社会和海外受众所认同④。对于国际传播能力建设,习近平特别强调运用新兴媒

---

① 决胜全面建成小康社会 夺取新时代中国特色社会主义伟大胜利. 人民日报,2017-10-28.
② 建设社会主义文化强国 着力提高国家文化软实力. 人民日报,2014-01-01.
③ 习近平. 坚持正确方向创新方法手段 提高新闻舆论传播力引导力. 人民日报,2016-02-20.
④ 习近平总书记系列重要讲话读本. 北京:人民出版社,2016:210.

体和打造对外宣传旗舰媒体,他指出:要加强国际传播能力建设,发挥好新兴媒体作用;要综合运用大众传播、群体传播、人际传播等多种方式展示中华文化魅力①。总之,加强对外话语体系建设,就是要用中国理论阐释中国实践,用中国实践升华中国理论,更加鲜明地展现中国思想,更加响亮地提出中国主张。

(二)文化传播的成就

在当今这个信息社会,谁的传播手段先进、传播能力强大,谁的文化理念和价值观念就能广为流传,谁就掌握影响世界、影响人心的话语权。改革开放至今,我国文化传播在拓展传播渠道、丰富传播手段、构建传播平台方面都取得了突破,提高了社会主义先进文化的辐射力和影响力。

1. 海外媒体影响扩大

海外媒体是中国对外"叙述"的直接窗口。作为党和国家的喉舌,多年来,《人民日报》和中国中央电视台、中国国际广播电台等国家媒体的节目在海外影响力扩大。截至2012年,世界各国收有《人民日报》(含网络版、纸质版)的图书馆有265家。1985年创刊的《人民日报》(海外版)风格贴近海外读者群,并且从2007年开始,与当地华文报刊采取合作办周刊、办专版、随报发行等针对性措施,使发行量迅速增加,已发行到世界80多个国家和地区。自1997年推出的《人民日报》网络版有英文版、日文版等多个外文版,影响力大幅提升。中央电视台成立后即担负着向世界传播中国文化的使命。21世纪以来,文化传播海外基础工程发展很快。2009年以来,中央电视台基本建成了覆盖全球的新闻报道网络,范围达200多个国家和地区;中国国际广播电台已经能用64种语言,通过调频广播、卫星电视、互联网、移动终端等新的传播平台向全球传播信息;中央人民广播电台加强了藏、维、哈语节目制作和在中亚国家的落地。

2012年5月28日,CIBN互联网电视正式上线商用,以视听互动、资源共享、媒体融合为特色,由传统媒体向现代综合新型国际传媒转型。这些媒体以开放的姿态、共享的理念介绍中国美食、旅游、文化,也回应国

---

① 建设社会主义文化强国 着力提高国家文化软实力. 人民日报,2014-01-01.

▪ 文化建设新风貌

际社会对中国政治、经济、社会等重要领域的关注，主动呈现真实的中国。此外，2011年1月17日，《中国国家形象片——人物篇》在美国纽约时报广场播出。2012年，包括《敦煌》、《太极拳》、《汉字》、《京剧》和《书法》等在内的文化片《文化中国》陆续登上纽约时报广场，并搭载美国有线电视新闻网等国际媒体播放。

2. 国际平台发出中国声音

改革开放后，随着中国经济的发展，中国在世界外交舞台上发挥着越来越重要的作用，不断向全世界发出中国声音。

联合国的对话平台。1971年联合国大会恢复中华人民共和国在联合国一切合法权利后，在联合国大会以及联合国其他国际性会议上，中国领导人都不遗余力地介绍和传播中国的内外方针政策和对国际重大问题的原则立场，有力地扩大了中国主流意识形态的国际影响力。1988年12月，第四十三届联大决定增加中国为联合国维持和平行动特委会成员。1995年10月，江泽民在纽约举行的联合国成立50周年特别纪念会议上发表重要讲话，呼吁当代各国政治家不要辜负世界人民的期望，共同缔造一个更美好的世界。2005年，胡锦涛出席联合国成立60周年首脑会议，发表了题为《努力建设持久和平、共同繁荣的和谐世界》的重要讲话，首次提出了"和谐世界"的理念，并对加强联合国作用、推动联合国改革、促进国际发展合作等重大问题提出了具体主张。2014年，习近平在联合国教科文组织总部发表演讲，阐释中国梦。2015年，习近平在第70届联合国大会上发表题为《携手构建合作共赢新伙伴，同心打造人类命运共同体》的重要讲话，再一次让世界感受到了中国的力量。

国际组织举行的会议、论坛等对话平台。2001在我国召开的博鳌亚洲论坛，以平等、互惠、合作和共赢为主旨，立足亚洲，推动亚洲各国间的经济交流、协调与合作，同时又面向世界，增强亚洲与世界其他地区的对话与经济联系。2001年，中国首次承办亚太经合组织（APEC）会议，作为这次会议的主办国，中国提出会议的主题和议题，促进中国的对外开放和经济发展。在2014年北京APEC会议上，习近平主持了峰会，APEC与会领导人身着展示中国人新形象的中式服装合影。2018年6月，习近平在上海合作组织成员国元首理事会第十八次会议上发表题为《弘扬"上海精神",构建命运共同体》的重要讲话,为上合组织未来的发展方向指明了道路,为摒弃冷战思维、寻求国际合作提供了新视角。近年来,从G8峰会到G20峰会,从亚太经合组织到东盟"10+3"领导人峰会,从上海合作组织再到金砖国家领导人会晤,中国领导人借助这些对话平台的影响力,同样有力地扩展了当代中国主流意识形态的国际话语权。

中国与相关国家或组织之间建立的对话平台。如中美战略与经济对话、中欧战略对话、中非战略对话等,都有效地扩大了中国主流意识形态的国际影响力,成为建构中国话语权的现实路径。

(三) 文化传播的精品战略

传播中国故事,要写好精品中国故事。中国故事一方面来源于中华民族优秀的传统文化,如四大名著等;另一方面,来自现代创作。改革开放以来,文学艺术事业不断取得新的成就,很多为大众喜闻乐见的各种文学艺术形式,无论是电影、电视剧、小说,或其他种类,在数量上都增长很快,呈现一派繁荣景象。2016年11月30日,在中国文联十大、中国作协九大开幕式上,习近平发表重要讲话,他指出:"中国不乏生动的故事,关键要有讲好故事的能力;中国不乏史诗般的实践,关键要有创作史诗的雄心。"[1]

传播中国故事,要打造出版业精品工程。截至2012年,中国对美国、加拿大、英国、法国、德国五个发达国家输出图书版权,总量增长近122倍,达到2 213项,2012年出版实物出口金额为9 400万美元。版权输出的产品形态从过去单一的图书、期刊版权拓展到报纸、音像电子、数字版权等多种形态。清华同方中文期刊全文数据库海外机构用户数量超过1 000家,分布于世界42个国家和地区[2]。印刷服务出口企业对外加工贸易达到680.09亿元,珠三角、长三角、环渤海三大印刷产业带已经成为全球重要的印刷加工基地。2017年上海书展,主题出版正在成为"显词",《习近平谈治

---

[1] 习近平. 在中国文联十大、中国作协九大开幕式上的讲话. (2016-11-30). http://news.cctv.com/2016/11/30/ARTIXb5UVFFdloyJDAqCdsCZ161130.shtml.

[2] 讲好中国故事 传播好中国声音:我国新闻出版"走出去"成果综述. (2013-11-01). http://media.people.com.cn/n/2013/1101/c40733-23406393.html.

国理政》《习近平讲故事》《钢铁是这样炼成的——努力建设世界上最强大的政党》等颇受青睐,用精品出版物,让每个中国人把故事说得更精彩。

讲好中国故事,要创造媒体精品产品。2016 年,英国广播公司(BBC)拍摄的一部纪录片《中国春节:全球最大的盛会》在网上和央视播出后引起轰动,媒体报道说"这部纪录片是迄今为止国外媒体对中国春节文化最大规模、最深入的一次纪录,它讲述了发生在中国广袤土地上的春节故事和丰富多彩的春节习俗"。2013 年起,国家新闻出版广电总局组织中国梦重点作品创作,已经制作播出了纪录片《百年潮·中国梦》《中国人的活法》《东方主战场》和动画片《戚继光》《翻开这一页》《星星梦》《地道战》《鸡毛信》《五子炮:渊子崖保卫战》等优秀作品,取得了很好的收视效果和社会影响;还组织全国电视上星综合频道开展"中国梦纪录短片展播活动",至 2015 年已经推出近百集作品,平均每天播出 10 集以上,激励和感染了很多观众[①]。《中国诗词大会》《见字如面》等节目,都是用精品讲好中国故事,并且取得了显著效果。

三、文化国际影响力不断提升

改革开放四十年来,中国在成功探索建设中国特色社会主义的道路上,对外开放日益深入,与外界的互动越来越频繁。文化国际影响力作为其中的重要一环,从文化外交、文化交流、文化外宣和文化贸易等方面用自己特有的方式和内容在增进我国与世界各国的友好合作和相互了解、提升国家形象和"软实力"上做出了积极的贡献。

(一)中华文化国际影响力的提升演进

1. 酝酿阶段(1978—1997 年)

这一阶段是提升中华文化国际影响力事业的酝酿时期。1981 年,十一

---

① 高长力:通过四方面讲好中国故事.(2016-05-05). http://comic.sina.com.cn/guonei/2016-05-05/doc-ifxryhhh1632438.shtml.

届六中全会通过《关于建国以来党的若干历史问题的决议》,"社会主义必须有高度的精神文明"被当作中国社会主义现代化建设的要点之一。文化的重要性被重新认可,《决议》确立了文化在现代化建设中的地位和作用,为提升中华文化国际影响力做出了重大铺垫。1978年9月,国务院下达了《关于对外文化交流工作由文化部归口管理》的文件;1981年3月,经全国人大常委会批准,国务院专门设立国家对外文化联络委员会;1982年5月,文化部内设对外文化联络局,主管对外文化交流。这一系列举措为扩展对外文化交流关系和范围提供了组织和管理上的保证。我国对外文化交流从1979年的194起、3 035人次逐步发展到1986年的1 075起、9 499人次,交流范围也从传统友好国家扩展至包括美国在内的西方和周边国家①。

1996年,江泽民在十四届六中全会上指出:"与世界各国进行广泛的经济、贸易、科学、技术、教育、文化交流,对我们进行社会主义现代化建设具有重大的作用。"②从范围上看,对外文化交流涉及文学、艺术、文物、图书、博物馆、新闻、出版、广播、电影、电视、体育、旅游等诸多方面。

2. 形成阶段(1997—2007年)

2001年,中国加入世贸组织,为中华文化走向世界提供了更加广阔的平台。中国与其他国家的文化交流日益频繁,中华文化同世界其他各国文化的碰撞也逐渐增多。面对国际国内新形势,我国在继承社会主义精神文明建设已有理论成果的基础上,对中华文化国际影响力的提升进行了进一步的探索。

1997年,党的十五大明确提出把"三个面向"作为社会主义文化的发展方向。此后,发展面向现代化、面向世界、面向未来的,民族的科学的大众的社会主义文化,成为中华文化建设的基本方向。同时,会议提出要"开展多种形式的对外文化交流,博采各国文化之长,向世界展示中国文化建设的成就"③。党的十五大后,经济领域内的"走出去"战略慢慢渗透

---

① 蔡武. 新中国60年对外文化工作发展历程. 求是,2009(15).
② 十四大以来重要文献选编:下. 北京:人民出版社,1999:2074.
③ 高举邓小平理论伟大旗帜 把建设有中国特色社会主义事业全面推向二十一世纪. 人民日报,1997-09-13.

到文化领域，逐步延伸出了文化"走出去"战略。

2002年7月，全国文化厅局长座谈会召开，文化部部长孙家正发表讲话指出："要更加开放的姿态融入国际社会，进一步扩大对外文化交流，实施'走出去'战略，着力宣传当代中国改革和建设的伟大成就，大力传播当代中国文化，以打入国际主流社会和主流媒体为主，充分利用市场经济手段和现代传播方式，树立当代中国的崭新形象，把我国建设成为立足亚太、面向全球的国际文化中心。"[①] 同年，党的十六大强调要"着眼于世界文化发展的前沿，发扬民族文化的优秀传统，汲取世界各民族的长处，在内容和形式上积极创新，不断增强中国特色社会主义文化的吸引力和感召力"[②]。2004年9月，党的十六届四中全会通过的《中共中央关于加强党的执政能力建设的决定》提出："推动中华文化更好地走向世界，提高国际影响力。"[③] 2006年，《国家"十一五"时期文化发展规划纲要》发布，明确界定文化"走出去"战略，指出文化发展的重点之一是要"抓好文化'走出去'"重大工程、项目的实施，充分利用国际国内两个市场、两种资源，主动参与国际合作和竞争，加强对外文化交流，扩大对外文化贸易，拓展文化发展空间，初步改变我国文化产品贸易逆差较大的被动局面，形成以民族文化为主体、吸收外来有益文化、推动中华文化走向世界的文化开放格局。这一时期，强调推动中华文化走向世界，让世界了解中国，对提升中华文化的国际影响力还没有明确要求。

3. 快速发展阶段（2007—2011年）

这一阶段我们的党和政府对提升中华文化国际影响力有了更加深入的认识。2007年，党的十七大指出："当今时代，文化越来越成为民族凝聚力和创造力的重要源泉、越来越成为综合国力竞争的重要因素，丰富精神文化生活越来越成为我国人民的热切愿望。"[④] 推动文化大发展大繁荣的号角被吹响，我国文化建设进入了新境界。为了传承弘扬中华文化，党的十

---

① 孙家正. 不断提高建设社会主义先进文化的能力. 求是，2004（24）.
② 全面建设小康社会 开创中国特色社会主义事业新局面. 人民日报，2002-11-09.
③ 中共中央关于加强党的执政能力建设的决定. 党史文苑（纪实版），2004（12）.
④ 高举中国特色社会主义伟大旗帜 为夺取全面建设小康社会新胜利而奋斗. 人民日报，2007-10-25.

七大明确提出"加强对外文化交流,吸收各国优秀文明成果,增强中华文化国际影响力"[①]。在 2008 年的全国宣传思想工作会议上,胡锦涛强调:必须统筹国内国际两个大局,把加强对外宣传作为关系国家发展全局的战略任务抓紧抓好,努力展示民主进步、文明开放的国家形象,营造客观友善、于我有利的国际舆论环境,增强中华文化国际影响力[②]。2010 年,十七届五中全会通过《中共中央关于制定国民经济和社会发展第十二个五年规划的建议》,要求"加强对外宣传和文化交流,创新文化'走出去'模式,增强中华文化国际竞争力和影响力"[③]。同年,文化部结合国家"十二五"规划,制定了《关于促进文化产品和服务"走出去"2011—2015 年总体规划》,指出积极促进中国文化产品与服务进入国际市场,是推动中华文化"走出去"、提升国家软实力和扩大国际影响力的重要途径,要全面贯彻中央推动中华文化"走出去"的总体战略,服务于国家外交大局,提升中华文化的国际影响力。

这一时期党和政府对中华文化国际影响力的认识非常深刻,发展的思路也日趋清晰。在一系列理论指导下,中华文化不再只是"走出去",而是开始朝着提升文化影响力发展,开始探索增强中华文化国际影响力的具体路径。

4. **全面推进阶段(2011 年至今)**

新时期新阶段面临着新的形势和任务,全党和全国人民在努力夺取中国特色社会主义新胜利的同时,进一步完善提升中华文化国际影响力的布局,中华文化国际影响力建设全面铺开并日趋深入。

2011 年 7 月 1 日,胡锦涛在庆祝中国共产党成立九十周年纪念大会上的讲话中重申:"要着眼于推动中华文化走向世界,形成与我国国际地位相对称的文化软实力,提高中华文化国际影响力。"[④] 同年,党的十七届六

---

① 高举中国特色社会主义伟大旗帜 为夺取全面建设小康社会新胜利而奋斗. 人民日报,2007-10-25.
② 郑保卫. 论新媒体环境下指导新闻工作的基本理念:为纪念中国共产党建党 90 周年而作. 新闻记者,2011(7).
③ 十七大以来重要文献选编:中. 北京:中央文献出版社,2011:994.
④ 十七大以来重要文献选编:下. 北京:中央文献出版社,2013:448.

文化建设新风貌

中全会通过的《中共中央关于深化文化体制改革推动社会主义文化大发展大繁荣若干重大问题的决定》阐述了"推动中华文化走向世界",全方位部署提升中华文化国际影响力的实践,指出要"开展多渠道多形式多层次对外文化交流,广泛参与世界文明对话,促进文化相互借鉴,增强中华文化在世界上的感召力和影响力,共同维护文化多样性"[1]。

2012 年 11 月,党的十八大强调:文化是民族的血脉,是人民的精神家园。全面建成小康社会,实现中华民族伟大复兴,必须推动社会主义文化大发展大繁荣,兴起社会主义文化建设新高潮[2]。建设社会主义文化强国要开创中华文化国际影响力不断增强的新局面。2013 年,党的十八届三中全会通过《中共中央关于全面深化改革若干重大问题的决定》,提出大力开展对外文化交流,加强国际传播能力和对外话语体系建设,推动中华文化走向世界[3]。同年,习近平在全国宣传思想工作会议上提出:"要精心做好对外宣传工作,创新对外宣传方式,着力打造融通中外的新概念、新范畴、新表述,讲好中国故事,传播好中国声音。"[4] 2014 年在文艺工作座谈会上,习近平再次强调:国际社会对中国的关注度越来越高,有了解中国和中华文化的欲望,要讲好中国故事、传播好中国声音、阐发中国精神、展现中国风貌,让国外民众感受到中华文化的魅力,加深对中华文化的认识和理解[5]。2016 年,《中华人民共和国国民经济和社会发展第十三个五年规划纲要》把提高文化开放水平作为着力点,强调加大中外人文交流力度,创新对外传播、文化交流方式,在交流互鉴中展示中华文化独特魅力,推动中华文化走向世界。

这一时期,中华文化国际影响力不仅在广度上全面推进,还在怎样提升、提升什么等深度方面逐步加强,强调要努力阐释好中国特色,讲好中

---

[1] 中共中央关于深化文化体制改革推动社会主义文化大发展大繁荣若干重大问题的决定. 人民日报,2011-10-26.

[2] 坚定不移沿着中国特色社会主义道路前进 为全面建成小康社会而奋斗. 人民日报,2012-11-09.

[3] 十八大以来重要文献选编:上. 北京:中央文献出版社,2014:535.

[4] 习近平. 胸怀大局把握大势着眼大事 努力把宣传思想工作做得更好. 人民日报,2013-08-21.

[5] 习近平. 在文艺工作座谈会上的讲话. 人民日报,2014-10-15.

国故事,传播好中国声音,提高国际话语权。

(二)"走出去"与引进来

1978年,邓小平提出和平与发展已经成为当今世界的两大主题的科学论断,并对中国的总体外交战略做出了调整,改变了过去以社会制度划分阵线或以价值观念定亲疏的做法,确立了以和平共处五项原则作为指导外交政策的基本原则。1984年,时任文化部副部长吕志先在《新中国35年来的对外文化交流》一文中阐述了我国对外文化交流的方针:"在对外文化交流中,我们坚持对外开放政策,努力借鉴、吸收一切有利于发展我国文化艺术的外国优秀文化艺术成果,同时,也欢迎外国研究我国的文化艺术成果。我们的原则是:在分享人类文化财富方面,要相互学习,共同提高,在平等互利的基础上,加强合作,增进友谊。"①

开展对发展中国家的文化交流是这一时期对外文化交流的重点。从1980年到1990年,在中国与外国签订的79个文化合作协定中,与发展中国家签订了71个,占总数的89%。在签订的220个年度文化交流执行计划中,与发展中国家签订了159个,占总数的67%②。1997年9月,在党的十五大上,江泽民明确指出:"我国文化的发展,不能离开人类文明的共同成果。要坚持以我为主、为我所用的原则,开展多种形式的对外文化交流,博采各国文化之长,向世界展示中国文化建设的成就。"③ 截至1998年底,我国派出政府文化代表团和文化官员代表团230余起,接待来自世界各国的政府文化代表团和文化官员代表团390余起。与我国签订文化合作协定的国家达137个,我国与外国签订的文化交流执行计划407个④。

进入21世纪以后,中国加入世贸组织,为中华文化走向世界提供了更加广阔的平台。截至2005年,我国已与145个国家签订了文化合作协定,签署了752个文化交流执行计划,年对外文化交流量1 360起,与10年前

---

① 吕志先. 新中国35年来的对外文化交流. 人民日报,1984-09-19.
② 文化部对外文化联络局. 中国对外文化交流概览(1949—1991). 北京:光明日报出版社,1993:71.
③ 十五大以来重要文献选编:上. 北京:人民出版社,2003:37.
④ 李刚. 迎着新世纪的绚丽曙光. 中外文化交流,1998(6).

文化建设新风貌

相比增长了 5 倍。我国在驻 80 个国家领事馆设有 95 个文化处、组，在法国、韩国、埃及等多个国家建有中国文化中心。我国每年在纽约、巴黎、伦敦、悉尼和曼谷等国际大都市开展"春节品牌"活动，举办艺术展览、文艺表演、电影周等活动[①]。

十八大报告重申在更加开放的环境中发展中华文化，增强民族文化的认同与自信[②]。文化外交已经成为我国继经济、政治外交之后的第三大支柱，成为国家整体外交战略的一个重要组成部分。文化部 2016 年文化发展统计公报数据显示，全年经文化系统审批的对外文化交流项目 1 667 起，对港澳文化交流项目 230 项，对台文化交流项目 500 项。我国同世界上 170 多个国家和地区保持着良好的文化交流关系，先后与 145 个国家签订政府间文化合作协定和近 800 个年度文化交流执行计划，全方位的对外文化交流的新格局已经形成。

对外文化交流渠道逐渐拓宽。实施品牌战略，从深度和广度上拓展活动的影响力，"春节品牌""相约北京""亚洲艺术节""中国上海国际艺术节"等已成为在世界上广泛传播中华文化的重要载体。从 2003 年中法两国举办"中法文化年"开始，400 多个丰富多彩、各具特色的项目以"文化年"为平台，将中国文化的古老面貌和当代气象，充分地展示在法兰西大地上。2004 年在香榭丽舍大街上的华人盛大游行，有 70 多万的法国观众直接观看，200 万法国人直接或间接参与了该活动。在这次活动取得巨大成功后，"文化年"成了中华文化"走出去"的特色项目，"中意文化年""中欧文化对话年""中俄国家年"等 50 多项中国文化年、中国文化节相继举办。

在文化艺术影响力方面，我国选手通过参加声乐、器乐、舞蹈、戏曲、戏剧、杂技、摄影、美术、影视等国际艺术比赛，扩大了中国艺术的国际影响。如每年境外各种形式的中国电影展（周）约有 50 次，展映中国影片 400 多部次。不少影片在柏林电影节、好莱坞国际电影节、戛纳电

---

① 改革开放以来中国对外文化交流工作的开拓与创新．（2011-10-18）．http://www.hprc.org.cn/gsyj/yjjg/zggsyjxh_1/baguoshixslwj/201110/t20111018_162333_3.html．

② 坚定不移沿着中国特色社会主义道路前进　为全面建成小康社会而奋斗．人民日报，2012-11-09．

影节等重要的国际电影节上获得奖项。2016年,"一带一路"文化发展行动计划开启,切实推动"一带一路"沿线国家文化交流、文化传播、文化贸易创新发展。

(三)文化辐射范围扩大

随着文化实践的不断推进,中华文化走向世界的步伐不断加大,"走出去"的范围也逐渐扩展。除在文化圈中的认同不断增强外,中华文化在其他领域的影响也在不断扩大。与此同时,中外文化交流已扩展到更广泛的领域。

在出版方面,近年来,我国出版业先后实施了中国图书对外推广计划、中国出版物国际营销渠道拓展工程、重点新闻出版企业海外发展扶持计划、图书版权输出奖励计划等八大工程,构建了全流程、全领域的"走出去"格局,打开了190多个国家和地区出版物市场。在版权输出量逐步变大的同时,输出的图书质量也不断得到认可。2014年,《习近平谈治国理政》一书以多语种在法兰克福国际书展举办首发式,截至2016年,已发行到100多个国家和地区,全球发行600多万册,创下了改革开放以来中国国家领导人著作海内外发行的最高纪录。2015年8月,被誉为"科幻界的诺贝尔奖"的雨果奖揭晓,中国作家刘慈欣的《三体》获得最佳长篇小说奖,成为国际图书市场上最为畅销的中国科幻读物。

在学术方面,中国学者在国际刊物上发表的论文数量呈逐年递增趋势。在自然科学领域,1994年至2002年中国学者在 *Nature* 和 *Science* 以第一作者身份发表的文章总数为83篇,仅占这两个期刊刊登相应论文数的0.47%[1]。而至2010年,中国学者在这两个国际顶级期刊上的发文量累计已达1198篇[2]。仅2017年1、2月,就在国际三大顶尖学术期刊发表论文9篇,3月10日凌晨出版的国际顶级学术期刊 *Science*,以封面文章的形式刊发了中国科学家的研究长文。在哲学社会科学领域,中国学者2005年至

---

[1] 周辉. 中国内地学者在 Nature 和 Science 发表论文统计分析. 中国基础科学,2004(2).
[2] 周海花,华薇娜. 从世界顶级学术期刊看中国科研竞争力:中国学者《自然》和《科学》发文分析. 情报杂志,2012(6).

2014年间在SSCI上共发表文献54 368篇，在A&HCI（艺术与人文科学引文索引）上共发表文献6 448篇，在SCI上共发表文献1 502 498篇①。

2007年4月9日，作为我国文化"走出去"典型代表的孔子学院总部在北京挂牌成立，孔子学院以每年三四十所的速度平稳增加，截至2016年，全球140个国家（地区）建立512所孔子学院和1 073个孔子课堂。孔子学院以推广汉语和传播中华文化为己任，在十年多的时间内实现了跨越式发展。实践证明，孔子学院的发展扩大了中华文化在全球的影响力，树立了我国良好的国际形象，保持了中华文化旺盛的生命力。

---

① 邓惟佳. 中国哲学社会科学成果在国际核心期刊中的学术传播：现状与发展. 品牌（下半月），2005（2）.

第五章　文化建设大力创新

"创新"一词一方面可以解释为舍弃旧的、不合理的事物，创造新的、合乎实际的事物；另一方面也可以解释为"有新意"，具有新鲜感。因此，理解创新需要清楚以下几点：一是"创新"不是凭空捏造，而是在继承、消化、吸收的基础上实现新的突破；二是创新可以在表现形式、样式等方面通过进行新的组合从而呈现一种新的风貌；三是创新的目的在于解决不断发生的新情况新问题，具有明确的问题导向；四是创新常常与"发展"相呼应，创新从过程上讲处于动态发展之中，发展是事物由小到大、由简单到复杂、由低级到高级的变化，如果将发展称为"量变"，那么发展到每一个节点所形成的"质变"可称之为"创新"，因此创新的过程也可以视为发展的过程。改革开放四十年中党对文化建设具有鲜明的创新精神和独特的创新标识，是在充分继承中华优秀传统文化、革命文化等基础上的，适应不断变化的时代和实际需要的，具有新的表现形式的文化成果。具体表现为：不忘本来，在继承中华民族优秀传统文化中创新中国特色社会主义文化；吸收外来，在世界思想文化激荡中发展中国特色社会主义文化；面向未来，在中国特色社会主义宏伟蓝图中创新中国特色社会主义文化。

文化建设新风貌

一、不忘本来：在继承中华民族优秀传统文化中创新中国特色社会主义文化

中华文化博大精深、源远流长，上下五千年、纵横八万里，涌现出孔孟老庄、程朱陆王①等一大批思想巨擘，留下了浩如烟海的文化典籍和遗产。作为世界上唯一没有中断的文明，中华文明蕴含着优秀的文化因子，是中国特色社会主义文化发展的最深厚的文化软实力和最深沉的力量源泉，彰显了中国特色社会主义文化的民族特性。改革开放以来，中国共产党始终重视中华民族优秀传统文化的保护和开发，大力推进优秀传统文化的创造性转化、创新性发展，在创新中国特色社会主义文化中汲取优秀传统文化养分，实现文化发展新突破，不断铸就中华文化新辉煌。

（一）中国特色社会主义文化是当代中国新文化

从文化的基本内涵而言，文化作为一种社会意识，它的产生和发展依附于所处的时代特别是相应的生产力、社会制度。正如毛泽东所言，"一定的文化是一定社会的政治和经济在观念形态上的反映"②。先进的文化必然与先进的生产力、社会制度相适应。中国特色社会主义文化，是自改革开放以来，党的历届中央领导集体接续探索的，与中国特色社会主义政治、经济、社会、生态相适应的文化。

把握中国特色社会主义文化的基本内涵是理解"新"的基本前提。党对中国特色社会主义文化内涵的探索有一个逐渐深化的过程。改革开放之初，邓小平在大力指导经济建设、搞好物质文明的同时，对文化也高度重视，提出"社会主义精神文明"的观点。随着中国特色社会主义实践的深化和理论的发展，江泽民在立足时代、深刻总结的基础上，在庆祝中国共产党成立八十周年大会上对"中国特色社会主义文化"做了系统阐释：是

---

① 指孔子、孟子、老子、庄子、程颐、朱熹、陆九渊、王阳明等中国古代思想家。
② 毛泽东选集：第2卷. 北京：人民出版社，1991：694.

"以马克思列宁主义、毛泽东思想、邓小平理论为指导",立足点在于"建设有中国特色社会主义的实践",在文化形式和风格上强调"健康向上,丰富多彩的,具有中国风格、中国特色",本质属性在于"满足人民群众日益增长的精神文化需求,引导广大人民群众从思想上精神上正确武装和不断提高起来"①。以胡锦涛同志为总书记的党中央,在新世纪又提出了以"和谐文化"为代表的文化理论,为中国特色社会主义文化注入新的活力。十八大以来,以习近平同志为核心的党中央从建设社会主义文化强国、实现中华民族伟大复兴的高度,将中国特色社会主义文化建设摆在更加重要的位置。十九大报告对中国特色社会主义文化做出新概括:它包含指导思想问题"以马克思主义为指导",基本立场问题"坚守中华文化立场,立足当代中国现实,结合当今时代条件",目标指向问题"面向现代化、面向世界、面向未来的,民族的科学的大众的社会主义文化"②。因而,党的十九大指出先进文化的建设的内涵包含着掌握意识形态工作领导权、培育和践行社会主义核心价值观、加强思想道德建设、繁荣社会主义文艺、推动文化事业和文化产业发展等具体的内容。

把握中国特色社会主义文化的基本特征是彰显"新"的重要指征。首先,中国特色社会主义文化具有实践性特征。没有先进的社会生产力就不会有先进的文化。中国特色社会主义文化的繁荣离不开改革开放以来经济的迅猛发展,同时我国社会主义市场经济的发展价值理念和经济发展过程中出现的不良经济现象均需要中国特色社会主义文化进行指导、规范和约束。其次,中国特色社会主义文化具有人民性特征。这个人民性由党的人民性所决定,中国共产党是一个全心全意为人民服务的政党,从成立之日起就是先进文化的积极引领者和践行者,中国特色社会主义文化的发展目的始终是为了不断适应并满足人民群众美好生活需要。再次,中国特色社会主义文化具有传承性特征。任何一种文化总是在继承已有文化的基础上形成的。中国特色社会主义文化是在吸收借鉴我国优秀传统文化、革命文化、其他民族优秀文化的基础上形成的,传承性是其重要特征之一。

---

① 江泽民. 在庆祝中国共产党成立八十周年大会上的讲话. 求是,2001(7).
② 决胜全面建成小康社会 夺取新时代中国特色社会主义伟大胜利. 人民日报,2017-10-28.

文化建设新风貌

把握中国特色社会主义文化的当代表现是理解"新"的直接依据。一是明确文化建设的新任务。党的十九大所提出的"建成富强民主文明和谐美丽的社会主义现代化强国"的目标体系中就内在包含"建设社会主义文化强国"的目标,并从"牢牢掌握意识形态工作领导权"等五个方面提出了文化建设的新任务。二是提出新的文化内容。新一届中央领导提出建设社会主义文化强国,增强国家文化软实力,强调坚持文化自信,积极深入推进社会主义核心价值观教育。这些理论成果丰富了社会主义先进文化的内涵,提高了社会主义先进文化对现实问题的解释力。三是提升先进文化建设的战略地位。将文化建设纳入"五位一体"总布局,强调建设社会主义文化强国关系党和国家事业发展全局和中华民族伟大复兴,提出:"意识形态决定文化前进方向和发展道路。"① 意识形态作为上层建筑,总是需要依靠一定的文化形式表现,不论是借鉴外来文化,还是吸收优秀传统文化,都必须符合主流意识形态的要求。

(二) 中华优秀传统文化是最深厚的文化软实力

中国共产党始终是中华优秀传统文化的忠实继承者、传播者和弘扬者,始终以科学理性态度对待优秀传统文化,并结合产生了马克思主义中国化理论成果,其中之一便是中国特色社会主义理论。四十年来,从以邓小平同志为核心的党的第二代中央领导集体到以习近平同志为核心的党中央始终高度重视中华优秀传统文化的继承和创新,并在当代将中华优秀传统文化的继承和发展提升到国家文化软实力的高度。习近平明确指出:"中华文化是我们提高国家文化软实力最深厚的源泉,是我们提高国家文化软实力的重要途径。"② 中华优秀传统文化已经成为广大中国人民团结奋斗不竭的精神力量,是我们共同的精神家园和最重要的精神命脉,是我们国家最深厚的文化软实力。在决胜全面建成小康社会,实现中华民族伟大复兴的征程中,要从中华优秀传统文化中汲取力量和智慧,以更好地提高国家文化软实力。

---

① 决胜全面建成小康社会 夺取新时代中国特色社会主义伟大胜利. 人民日报,2017-10-28.
② 习近平关于社会主义文化建设论述摘编. 北京:中央文献出版社,2017:201.

1. 中华优秀传统文化积淀着中华民族最深沉的精神追求

改革开放四十年来，我国经济文化建设取得举世瞩目的成就，这离不开千百年来勤劳勇敢的中国人民所具备的伟大民族精神。在十三届全国人大一次会议闭幕会上，习近平指出，中国人民是具有伟大创造精神的人民，是具有伟大奋斗精神的人民，是具有伟大团结精神的人民，是具有伟大梦想精神的人民①。在几千年历史长河中，中国人民始终辛勤劳作、发明创造，始终革故鼎新、自强不息，始终团结一心、同舟共济，始终心怀梦想、不懈追求，最终形成和创造了伟大的民族精神，成为中华民族最深沉的精神追求，这离不开中华优秀传统文化的长期积淀，是中华优秀传统文化在新时代发展的必然结果，成为维系中华民族繁衍生息、发展壮大的精神家园，展示了中华民族的气节和魄力。

天人之学，天人和谐的探索精神。"天人之学"的"天"，泛指宇宙、天地、自然演化过程，其中包括自然规律。《中庸》说"天命之谓性"，"天"的自然演化是人产生的本原，也是人生存和发展的基础。"天人之学"的"人"，则指人类社会历史过程，人性、人生、自我等都是这个历史过程中的重要因素。传统文化的天人合一思想，核心就是强调人与自然的和谐统一，表现在自然观上，就是要树立尊重自然、敬畏自然、保护自然的发展理念，探索在遵循自然发展规律的前提下，利用自然。在政治观上，就是要追求祖国统一、民族团结，形成"大一统"的观念。天人之学在以农业为中心的生活方式和文化传统中孕育产生，反映了中华文明起源时期的基本特征。

自强不息，生生不息的奋斗精神。自强不息，是中国传统文化的核心理念之一，作为中华民族精神的内核，在中华民族发展史上起到了独特而不可替代的作用。任何一个民族的发展，都不可能缺少拼搏进取的精神，但是中华民族的核心理念"自强不息"有自己独特的内涵。中华文化是以"人"为主体的文化，人文传统深厚，长期占主导地位的是人学而不是神学，广大人民群众始终相信，命运掌握在自己手中，这种思想也造就了中华民族勤劳勇敢、勤俭节约的美德。在近代历史上，中华民族面临千年未

---

① 十三届全国人大一次会议在京闭幕. 人民日报，2018-03-21.

有之变局,在中华民族面临亡国灭种的危机跟前,广大仁人志士为国家独立、人民解放抛头颅、洒热血,深刻体现了中华民族自强不息的奋斗精神。

以民为本,本固邦宁的政治智慧。"以民为本"理念作为中国传统文化思想,反映了中国人民自古以来的政治情怀,具有悠久的历史和重要的价值。所谓民本,就是指民众与君主的关系犹如根和枝的关系,百姓是树根,而国家就是树干,君主只是树枝。国家只有得到民众的支持才能稳定,君主的权力只有得到百姓的拥护才能巩固。这一思想被历代的统治者和思想家遵循和发展,如"水能载舟,亦能覆舟",反映了君主和广大人民的关系,在稳定社会秩序、保障民众安居乐业等方面发挥了重要的作用。

天下大同,指向未来的革新精神。天下大同,突出反映了前人对理想社会的向往和追求,从《礼记·礼运》对大同社会的经典描述,到近代康有为的《大同书》,再到孙中山先生的民生主义,一直到今天的共产主义,中华民族的大同思想有着自己诞生演变和发展的清晰脉络。先秦思想家的百家争鸣,从不同角度对人类未来进行设计,构成了大同思想的渊源。大同思想是人们对理想社会的一种期盼希冀,对人类未来的一种憧憬向往,对社会公平正义的不懈追求,鼓舞着现实中的人们不断前进和勇于探索。

中华优秀传统文化塑造了中华民族勇于创造、勤于奋斗、善于团结、敢于梦想的伟大民族精神,不仅对中国的经济社会发展发挥了巨大作用,而且对人类社会的进步产生了深远影响。

2. 中华优秀传统文化是中华民族生生不息、发展壮大的丰厚滋养

"中华民族生生不息绵延发展、饱受挫折又不断浴火重生,都离不开中华文化的有力支撑。中华文化独一无二的理念、智慧、气度、神韵,增添了中国人民和中华民族内心深处的自信和自豪。"[①]在中华民族面临生存危机之时,当中华民族处于发展关键之机,中华优秀传统文化都提供更基本、更持久、更深沉的力量,是中华民族生生不息、发展壮大的丰厚滋养。

---

① 习近平关于社会主义文化建设论述摘编. 北京:中央文献出版社,2017:15.

中华民族有着五千多年的文明史，近代以前中国一直是世界上的强国之一。但是，近代以后，西方一些国家相继走上资本主义道路，而中国依然处于封建社会，并受到西方资本主义国家的入侵，逐步沦为半殖民地半封建社会的国家，中国人民处于水深火热之中。在鸦片战争、八国联军侵华战争等相继爆发后，中国的有识之士开始思考国家和民族的未来，洋务运动、义和团运动、辛亥革命和五四运动等救亡图存的救国主张和行动日渐深入人心，体现了中华优秀传统文化之变法图强、自强不息精神。中共一大宣告中国共产党正式成立，从此中国人民有了主心骨，中国革命有了坚强而科学的领导核心。面对国民党"四一二""七一五"反革命政变，面对残杀共产党员的白色恐怖，广大的共产党员非但没有退缩，反而坚强勇敢地站了出来，探索适合国情的革命道路，日渐组建了自己的军队，成为担当民族解放的重要力量，这种结果离不开中华优秀传统文化之团结统一的爱国主义精神。同样，在新中国成立后的社会主义革命、社会主义建设时期，特别是改革开放时期，中华优秀传统文化都为当时的革命和建设提供了不竭动力和精神支撑。正如习近平所说的："文化是民族生存和发展的重要力量。人类社会每一次跃进，人类文明每一次升华，无不伴随着文化的历史性进步。在几千年的历史流变中，中华民族从来不是一帆风顺的，遇到了无数艰难困苦，但我们都挺过来、走过来了，其中一个很重要的原因就是世世代代的中华儿女培育和发展了独具特色、博大精深的中华文化，为中华民族克服困难、生生不息提供了强大精神支撑。"①

3. 中华优秀传统文化是提高国家文化软实力的深厚源泉和途径

文化软实力，这是与国家发展的硬实力相对而言的另一种综合国力的衡量标准，在现代国家发展中处于非常重要的位置，已经成为衡量一个国家综合国力的重要标尺。习近平深刻指出："中华文化是我们提高国家文化软实力最深厚的源泉，是我们提高国家文化软实力的重要途径。"②

随着经济全球化的发展，各国之间的联系日益紧密，各个国家日渐处于同一个世界中的同一个大家庭，文化的交流和碰撞就不可避免地产生，

---

① 习近平关于社会主义文化建设论述摘编. 北京：中央文献出版社，2017：6.
② 同①201.

因此，在与世界文化交流交融交锋的过程中，坚持正确的原则和方向，努力使中华优秀传统文化能够在世界文化之林中得到认同和发展，就显得无比重要。一个民族的复兴，必须有文化的复兴做支撑，实现中华民族的伟大复兴离不开中华文化的繁荣兴盛。而中华文化的繁荣兴盛和弘扬，必将有力提升我国的文化软实力。"要使中华民族最基本的文化基因与当代文化相适应、与现代社会相协调，以人们喜闻乐见、具有广泛参与性的方式推广开来，把跨越时空、超越国度、富有永恒魅力、具有当代价值的文化精神弘扬起来，把继承传统优秀文化又弘扬时代精神、立足本国又面向世界的当代中国文化创新成果传播出去。"① 只有这样，才能使中华优秀传统文化在国家文化软实力的建设过程中发挥应有的作用。可见，大力弘扬中华优秀传统文化是提高国家文化软实力的重要源泉和途径。

（三）中华优秀传统文化彰显中国特色社会主义文化的民族特性

中国特色社会主义文化与中华优秀传统文化同属中华文化，中国特色社会主义文化的形成，离不开改革开放四十年党带领人民的伟大实践，离不开对外来文化的兼收并蓄，更离不开对中华优秀传统文化的继承与创新，具有世界风范、民族特色、中国风格。

1. 中华优秀传统文化与中国特色社会主义相适应

中国特色社会主义，是在马克思主义的科学指导下，结合中国发展的具体实际，形成和成长起来的具有中国特色的社会制度，其中，中华优秀传统文化本身与中国特色社会主义是相适应的，具有高度的契合性。这集中体现在中国特色社会主义共同理想与中华优秀传统文化的相适应，具体表现在以下几个方面：

（1）富强理想是对中华优秀传统文化中的富民思想、均富思想及义利观的继承和发展。邓小平指出："贫穷不是社会主义，发展太慢也不是社会主义。"② 中国特色社会主义，首要的就是建立共同富裕的国家，这是对中华优秀传统文化中的富民思想的继承和发展。

---

① 习近平关于社会主义文化建设论述摘编．北京：中央文献出版社，2017：201．
② 邓小平思想年编（1975—1997）．北京：中央文献出版社，2011：634．

（2）民主理想与中华优秀传统文化中的民本思想相融贯通。民主是社会主义的本质，中国特色社会主义是人民当家作主的新型社会，人民是国家的主人，人民通过人民代表大会享受民主权利，这种新型的民主是与中华优秀传统文化的民本思想相融相通的。

（3）文明理想与中华优秀传统文化中的德行仁善思想一脉相承。中华文化自古就注重社会道德伦理的构建，儒家的仁爱思想，强调德行仁善，这一思想一直贯穿于中华民族的整个道德生活中，对中国人道德素质培育和道德精神的塑造起着重要的规范作用。

（4）和谐理想与中华优秀传统文化中的和谐思想相契合。和谐思想在中华优秀传统文化中随处可见，在人与社会、人与人的伦理关系方面，中华传统文化崇尚和谐，中国特色社会主义将广大人民群众根本利益作为出发点和落脚点，建设社会主义和谐社会，实现人的全面发展。

（5）美丽理想与中华优秀传统文化中的天人合一、道法自然思想相一致。改革开放四十年，我国在经济社会发展各方面取得了重要成就，但是在环境保护方面也付出了惨重的代价，因此，党的十八届五中全会提出了创新、协调、绿色、开放、共享的五大发展理念，以转变发展方式，提升发展质量。习近平总书记多次强调，不搞大开发，而要在大保护的前提下发展经济，这深刻体现了建设美丽中国的愿望。

2. 中国特色社会主义文化是在继承传统并吸收外来文化基础上的新型文化

"中国特色社会主义文化，源自于中华民族五千多年文明历史所孕育的中华优秀传统文化，熔铸于党领导人民在革命、建设、改革中创造的革命文化和社会主义先进文化，植根于中国特色社会主义伟大实践。"[①] 五千多年悠久历史所形成的中华优秀传统文化为中国特色社会主义文化的发展提供了丰厚的精神资源，以马克思主义为指导的中国革命文化为中国特色社会主义文化注入了新的血液，世界优秀文化精华为中国特色社会主义文化补充了新的养分。

中国特色社会主义文化之所以是一种新型文化，主要是因为它熔铸于

---

① 决胜全面建成小康社会 夺取新时代中国特色社会主义伟大胜利. 人民日报，2017-10-28.

党领导人民在革命、建设、改革中创造的革命文化和社会主义先进文化。从红船精神、长征精神、延安精神、西柏坡精神，到雷锋精神、铁人精神、"两弹一星"精神，再到载人航天精神、抗震救灾精神、塞罕坝精神……这些宝贵的精神财富，是推动革命建设改革事业不断向前发展的强大精神动力，是中国共产党和中国人民伟大创造精神的生动体现。发展中国特色社会主义文化，就是以马克思主义为指导，坚守中华文化立场，立足当代中国的发展实际，结合新时代的发展条件，发展面向世界、面向现代化、面向未来的民族的科学的大众的社会主义现代文化，推动社会主义文化大发展大繁荣。

3. 中华优秀传统文化的创造性转化是中国共产党文化创新的重要力证

创造性转化，就是按照时代特点和要求，对中华优秀传统文化那些仍有借鉴价值的内涵和陈旧的表现形式加以改造，赋予其新的时代内涵和现代表达形式，激活其生命力。创新性发展，就是按照时代的新进步新进展，对中华优秀传统文化的内涵加以补充、拓展、完善，增强其影响力和感召力。而推动中华优秀传统文化的创造性转化和创新性发展，需要处理好继承和发展的关系。"古往今来，中华民族之所以在世界有地位、有影响，不是靠穷兵黩武，不是靠对外扩张，而是靠中华文化的强大感召力和吸引力。"[①] 今天，决胜全面建成小康社会，实现中华民族伟大复兴的中国梦，没有文化强国的建设，没有强大感召力的文化，是不可能实现的，因此，吸收和转化中华优秀传统文化，使之结合当代的发展实际，实现创造性转化和创新性发展，是其在当代发展的最好体现。

中华优秀传统文化历经世代传承积淀，又在不断推陈出新中赓续绵延。当前，党和国家领导人继续高举创新传统文化的大旗，反复强调"要加强对中华优秀传统文化的挖掘和阐发，努力实现中华传统美德的创造性转化、创新性发展"[②]，"努力实现传统文化的创造性转化、创新性发展，使之与现实文化相融相通，共同服务以文化人的时代任务"[③]。在一系列科

---

① 习近平关于社会主义文化建设论述摘编. 北京：中央文献出版社，2017：6.
② 习近平谈治国理政. 北京：外文出版社，2014：106.
③ 习近平谈治国理政：第2卷. 北京：外文出版社，2017：313.

学指引下，传统文化的创造性转化、创新性发展成果斐然：在政策层面，《关于实施中华优秀传统文化传承发展工程的意见》等指导性文件陆续出台，为传统文化的转化与传播提供了强有力的政策支持；在表现层面，诗词文化、灯谜文化、饮食文化、医药文化、瓷器文化等日益走进千家万户，《中国诗词大会》《中国成语大会》《中国汉字听写大会》《中国谜语大会》等电视节目持续走红、家喻户晓。即使在海外，不论是春节还是日常，亦不难看到当地华人以舞狮、赛龙舟等形式传播中华优秀传统文化。可以说，中华优秀传统文化已然从枯燥乏味的文字转化为当代人民群众喜闻乐见的表现形式，优秀传统文化真正实现"活了起来"，"精了起来"，也更加能够"用了起来"。

今天，中国特色社会主义进入新时代，发展中国特色社会主义文化，必须正确处理好中华优秀传统文化的吸收和转化，使之更好地服务中国特色社会主义文化的建设。

4. 中华优秀传统文化的创造性转化、创新性发展的核心在于"继承、超越"

囿于历史条件，中华优秀传统文化在其形成和发展的过程中，不可避免会受到当时人们的认识水平、时代条件、社会制度的局限性的制约和影响，因而也不可避免会存在陈旧过时的糟粕杂质。因此，今天，我们在学习、研究、应用传统文化时应坚持古为今用、推陈出新，既继承优秀成果，同时强调文化的现代转型，立足现实，解决现实问题，在内容和表达形式上赋予传统文化新的内涵，结合新的实践和时代要求进行正确的取舍，而不能做"拿来主义"。习近平指出："我们要善于把弘扬优秀传统文化和发展现实文化有机统一起来，紧密结合起来，在继承中发展，在发展中继承。"[①]

中华传统文化的创造性转化、创新性发展，核心在于"继承"和"超越"，即继承中华传统文化中的优秀因子，结合改革开放以来新时代的新情况，赋予其新的内涵，超越其原有含义，实现创造性转化和创新性发展。"要坚持古为今用、以古鉴今，坚持有鉴别的对待、有扬弃的继承，

---

① 习近平谈治国理政：第 2 卷. 北京：外文出版社，2017：313.

而不能搞厚古薄今、以古非今，努力实现传统文化的创造性转化、创新性发展，使之与现实文化相融相通，共同服务以文化人的时代任务。"①

在中华传统文化的创造性转化和创新性发展的过程中，我们要坚持继承和超越相统一的原则，必须坚持以马克思主义为指导，坚持"二为"方向和"双百"方针，也唯有如此，才能铸就中国现代文化新辉煌，为实现中华民族伟大复兴提供源源不断的强大精神支持。

二、吸收外来：在世界思想文化激荡中发展中国特色社会主义文化

一个国家和民族独具特色的文化，不仅关系到民族的生存与发展，还关系到国家的前途和命运。尤其是在当今世界，随着经济全球化的深入发展，西方国家凭借强大的经济实力作为后盾，在国际交往中不断进行文化渗透。在这种形势下，发展中国特色社会主义文化，就要牢牢捍卫马克思主义的指导地位，同时要借鉴吸收外来文化的优秀成果。

（一）当代世界文化发展的基本特征

随着世界多极化、经济全球化、社会信息化、文化多样化深入发展，国与国之间不仅经济、政治交往密切，而且文化交往在这一推动下也不断得到发展，呈现出一系列基本特征。

1. 多样性

文化多样性是指文化的主体和表现形态是多样的。从文化主体来看，表现为文化群体的多样性；从表现形式来看，表现为不同民族和国家的独特文化。文化多样性是人类文明进步的重要动力，维护和促进世界文化多样性是大多数国家的共同愿望。联合国教科文组织发布的《世界文化多样性宣言》，以及《保护世界文化和自然遗产公约》《保护非物质文化遗产公约》《保护和促进文化表现形式多样性公约》这三部公约，为尊重、保护

---

① 习近平谈治国理政：第2卷. 北京：外文出版社，2017：313.

与促进世界文化多样化提供了法理依据与制度保障。世界文化多样性需在不同文化的相互依存、对话交流中获得发展。因此，随着经济全球化、政治多极化的深入发展，一个民族的文化要想得到发展，必须加强同其他文化之间的多维度对话交流，通过对话交流，扬长避短，从其他文化中汲取有益养分发展自己，进而促进世界文化多样性。

2. 交融性

各个国家和地区的不同文化促成了世界文化的多样化，在经济全球化的背景之下，国与国、地区与地区之间交流逐渐增多，不同文化之间必然交流融合，使文化获得发展，并促进其他方面的进步。主要表现有：第一，政府间的文化交融得到凸显。各个国家正式的文化交流通常是由国家重要领导人以及相应的职能部门聚在一起，主要围绕本国的主流文化而展开。其目的是了解、吸收、借鉴他国的优秀文化，促进本国文化的发展，进而带动其他国家、民族文化的繁荣发展。第二，非政府组织的文化交融明显增多。非政府组织的文化交融主要是民间的交流方式，例如选派青年到其他国家参观学习，高校学生到国外的学校进行学习等。这种非政府的文化交流形式，更广泛地为文化交融提供相应的平台，以达到不同文化之间的相互融合。第三，国家内部不同地区的文化交融进一步增强。我们应积极推进不同文化之间的交流，而不是采用文化民族主义，企图消灭其他文化，以使自身文化壮大。相反是通过立足自身文化，广泛吸收借鉴他国优秀文化，以推动整个国家文化的繁荣兴盛。

3. 竞争性

不同国家、地区之间文化既有交流融合，同时也有竞争，这种竞争性主要表现为争夺文化话语权。今天的世界是西方国家以其在经济等方面所占的优势，主导着整个世界的话语体系。因此，争夺文化话语权，必须具备以下条件：第一，争夺文化话语权要有深厚的物质基础做后盾。经济基础决定上层建筑，经济实力是综合国力的基础，是文化繁荣发展并对其他国家产生辐射的前提，没有雄厚的物质基础做后盾，作为上层建筑的文化便不稳固，也不能持续产生文化辐射力，进而争夺文化话语权。第二，争夺文化话语权要确保自身文化的合理性。一个国家有雄厚的经济实力，不一定就能争夺文化话语权。争夺文化话语权还要基于自身文化是否合理，是否易于被其他国家以及人民所接受。只有自身文化合理并且具有开放包容的胸怀，才能够将其他民族的优秀文化融入本民族文化当中，以促进本民族文化的发展，进而争夺文化话语权。第三，争夺文化话语权要以互联网为主要载体。由于互联网络的快速发展，世界已经成为一个"地球村"。要想使其他国家的人民更好地了解本国文化，仅靠传统的传播方式显然已经不行，还必须依靠各种新兴媒体。

（二）在兼收并蓄中发展中国特色社会主义文化

1. 增强文化自觉与文化自信

费孝通先生曾说过："文化自觉是指生活在一定文化中的人对其文化有'自知之明'，即明白它的来历、形成过程、所具有的特色和它发展的去向，不带任何'文化回归'的意思，不是要复归，同时也不主张'全盘西化'或'坚守传统'。"① 文化自觉是文化自信的前提和基础，是推动文化繁荣发展的思想基础和先决条件，不仅关系到文化自身的发展，同时也决定着一个民族、一个政党的前途命运，缺乏文化自觉，容易陷入文化自卑和文化自大的心理。当前，我们必须增强文化自觉。第一，我们要深刻认识到中国特色社会主义文化的重要性。自觉认识中国特色社会主义文化的重要性是繁荣发展中国特色社会主义文化的前提。明确文化的发展不仅将深刻影响着一个国家经济的发展，同时又是社会文明进步的重要目标。第二，从内容上准确把握中国特色社会主义文化。在明确其重要性的前提下，要将中国特色社会主义文化的内容进行重点把握，这是繁荣发展中国特色社会主义文化的基础。第三，从历史使命中繁荣发展中国特色社会主义文化。江泽民指出："只有建设面向现代化、面向世界、面向未来的，民族的科学的大众的社会主义先进文化，才能满足人民日益增长的精神文化需要，不断促进人民思想道德素质和科学文化素质的提高。"② 胡锦涛指出："文化引领时代风气之先，是最需要创新的领域。必须牢牢把握正确

---

① 费孝通. 反思·对话·文化自觉. 北京大学学报（哲学社会科学版），1997（3）.
② 江泽民文选：第3卷. 北京：人民出版社，2006：400.

方向，加快推进文化体制改革"①。习近平在党的十九大报告中明确指出："当代中国共产党人和中国人民应该而且一定能够担负起新的文化使命，在实践创造中进行文化创造，在历史进步中实现文化进步！"② 实现中华民族伟大复兴是我们的奋斗目标，而贯穿其中的文化复兴又是重要内容，我们须在历史使命中繁荣发展中国特色社会主义文化。

"文化自信，是一个国家、一个民族、一个政党对自身文化价值的充分肯定，对自己文化生命力的坚定信念。"③ 文化自信是文化自觉之目标与担当。"文化自信是更基本、更深沉、更持久的力量。"④ 当今世界联系日益紧密，不同文化的交流、交融、交锋比以往任何时候都更加频繁。我们须正确对待本民族的传统文化、革命文化以及社会主义先进文化，同时还必须借鉴吸收外来优秀文化，使其融入自身文化当中。唯有如此，才能确立真正的文化自信。第一，从源流形态上理解中华优秀传统文化，对其进行创造性转化和创新性发展，使中华优秀传统文化不断得到传承和发展。第二，从现实形态上把握党领导人民创立的革命文化和社会主义先进文化。将革命文化和社会主义先进文化融为一体，确保社会主义文化生动活泼，繁荣兴盛。第三，从发展形态上明确要扎根中国特色社会主义伟大实践。不忘本来、吸收外来、面向未来，才能确保社会主义文化贴近生活。

2. 培养世界意识和世界关怀

世界文化首先是民族的文化，民族文化是世界文化存在的前提。文化的世界性是民族文化融入世界文化中的结果和产物。民族文化与世界文化之间相互贯通和相互渗透：一方面表现为民族文化的世界化，另一方面表现为世界文化的民族化。但民族文化与世界文化的相互贯通和相互渗透，并不是无条件的，而要以一定的条件为基础。第一，民族文化的世界化。世界文化不能视作各民族文化的简单汇集与相加的总和。只有各民族文化

---

① 中共中央关于深化文化体制改革推动社会主义文化大发展大繁荣若干重大问题的决定. 人民日报，2011-10-26.
② 决胜全面建成小康社会 夺取新时代中国特色社会主义伟大胜利. 人民日报，2017-10-28.
③ 云杉. 文化自觉文化自信文化自强：对繁荣发展中国特色社会主义文化的思考（中）. 红旗文稿，2010（16）.
④ 习近平谈治国理政：第2卷. 北京：外文出版社，2017：339.

文化建设新风貌

中那些被世界各民族所广泛认同与普遍接受的文化才能成为世界文化。当一个民族的文化只存在于一个有限封闭的地域内，只存活在自己本民族的现实生活中，并没有对世界其他民族文化产生辐射力与影响力时，它只能是一种民族的或地域的文化，而不能被视作一种世界性文化。第二，世界文化的民族化。不能简单地将文化的世界化视作各民族文化中的共性。世界文化是由各个不同民族的文化顺应世界的发展趋势而汇聚到一起形成的世界共识，对各个国家的经济、政治和文化等方面的建设起到积极的推动作用。因此，必须明确世界文化的民族化不是简单的强调共性，而需要推动各个国家的不断发展。

越是民族的越是世界的。中华文化不但是世界文化多样化的攸关者，而且是世界文化多样化的维护者和促进者。这就需要我们树立世界眼光，强化世界意识和世界关怀。在中华五千年的发展史中，中华文化正是因为有较强的世界意识和世界关怀，才使自身不断繁荣发展。例如，今天中国倡导的"一带一路""亚投行"等的建设，充分说明中国特色社会主义文化不仅仅明确中华文化本身的特色和优势，立足于本国的发展，而且强调要有世界意识和世界关怀，推动整个世界的和平发展，共同构建人类命运共同体。

3. 具有开放包容和兼收并蓄的胸怀

任何一种文化要想得到发展，不与其他文化交流，不从其他文化中汲取养分是行不通的。中国特色社会主义文化要想不断得到发展，需要我们强化开放包容和兼收并蓄的意识和精神，进一步加强中外文化交流。

（1）开放包容的胸怀。中国的文化自信不仅是对自身文化价值的充分肯定，同时是在认识、借鉴西方文化的基础上，克服对西方文化的盲目崇拜和实现对西方文化的超越。世界文化各有不同的优点，每一个国家的文化都是人类的精神财富。中华文化要想获得持久的生命力，必须在立足自身的基础上，以开放包容的胸怀，吸收借鉴其他民族的优点。首先，从中华文化自身来看。中华文化在历史演化进程中，融合了多民族多地区文化的发展，使汉族的文化与其他少数民族文化融合发展。其次，从中华文化与其他民族文化来看。在一段时期，清政府的闭关锁国政策使得中华文化只在本国及周边区域发展，但中华文化开放包容的胸怀仍然是主流。例如，马可·波罗、利玛窦等大量外国人来中国游学、传教、经商，更是促进了中外文化的融合。通过这些表明，优秀文化的基本精神不会因为开放包容而得到削弱，相反会促进文化的发展。在新的时代条件下，国与国既有竞争也有合作，我们更要以开放包容的胸怀推动文化的发展。

（2）兼收并蓄的态度。开放包容并不是盲目照抄照搬，一定的文化形成和发展有其特定的环境和土壤，离开了一定的环境可能会发生变化。外来文化并不都是优秀的文化，不能全盘吸收，而是要立足本民族的文化，对外来文化加以分析、比较、鉴别，做到辩证取舍、择善而从，使其适应和推动中华文化的大发展。

（3）要有为我所用的能力。吸收借鉴外来文化，不是简单地将外来文化直接加入到中华文化当中。我们在吸收外来文化时，要提高以我为主、为我所用的能力，通过转化再造，使其符合中国具体实际和中国人的思维方式，进而推动中华文化的发展壮大。

三、面向未来：在中国特色社会主义宏伟蓝图中创新中国特色社会主义文化

中国特色社会主义文化是反映先进生产力发展规律及其成果的文化，是源于人民大众实践又为人民大众服务的文化，是继承人类优秀精神成果的文化。改革开放以来，中国共产党人牢牢掌握文化建设的意识形态领导权，坚持以马克思主义为指导，捍卫文化建设阵地，为文化建设的意识形态属性保驾护航。不断为中国特色社会主义文化注入新内涵，从"社会主义精神文明"[1]到"中国共产党要始终代表中国先进文化的前进方向"[2]，

---

[1] 该命题首次由叶剑英在庆祝中华人民共和国成立30周年大会上提出，党的十二届六中全会《中共中央关于社会主义精神文明建设指导方针的决议》从根本性质、根本任务、主要内容、基本特征等对社会主义精神文明做了说明。

[2] "三个代表"之一，其基本内涵为：党的理论、路线、纲领、方针、政策和各项工作，必须努力体现发展面向现代化、面向世界、面向未来的，民族的科学的大众的社会主义文化的要求，促进全民族思想道德素质和科学文化素质的不断提高，为我国经济发展和社会进步提供精神动力和智力支持。

再到"社会主义核心价值体系""和谐文化"① 等概念的提出，充分体现了党对中国特色社会主义文化的认识不断深化。党的十八大以来，我们党坚持以人民为中心，提出以"五大发展理念"为代表的新发展理念，积极倡导践行社会主义核心价值观，在现代公共文化服务体系建设、文化产业建设、文化对外传播等方面取得丰硕成果。四十年来的生动实践充分表明，中国共产党在中国特色社会主义文化建设中始终坚持面向未来，在建设中国特色社会主义的宏伟实践中成果斐然。

（一）始终牢牢把握意识形态工作的领导权

习近平指出："意识形态决定文化前进方向和发展道路。"② 牢牢把握意识形态工作的领导权，才能促进我国的稳定和发展。对我们而言，牢牢把握意识形态的领导权实质上是要求始终坚持马克思主义在我国意识形态领域的指导地位。中国共产党自成立以来，就以马克思主义为指导思想，不仅取得了新民主主义革命的胜利、社会主义革命和建设的胜利，而且开辟了中国特色社会主义道路，确立了中国特色社会主义制度，形成了中国特色社会主义理论体系，综合国力显著提升，国际竞争力和话语权不断增强。然而，四十年以来，反对、攻击马克思主义的言论始终存在。对此习近平指出："在有的领域中马克思主义被边缘化、空泛化、标签化，在一些学科中'失语'、教材中'失踪'、论坛上'失声'。"③ 我们必须对此高度重视。实践表明，"无论时代如何变迁、科学如何进步，马克思主义依然显示出科学思想的伟力，依然占据着真理和道义的制高点"④。当前，发展中国特色社会主义文化必须确保马克思主义在思想文化领域的一元主导地位。

1. 推进马克思主义中国化、时代化、大众化

马克思主义中国化是将马克思主义基本原理同中国的具体实际相结

---

① 两者在党的十六届六中全会《中共中央关于构建社会主义和谐社会若干重大问题的决定》中得到确立。
② 决胜全面建成小康社会　夺取新时代中国特色社会主义伟大胜利. 人民日报，2017-10-28.
③ 习近平谈治国理政：第2卷. 北京：外文出版社，2017：329.
④ 同③.

合，促进党和国家事业的发展。马克思主义是时代条件下的产物，不同的时代面临的矛盾和问题有所不同，因而需要深入将马克思主义与时代问题紧密结合，解决现实当中存在的问题。要想使中国人民愿意接受它，必须采用中国人民所喜闻乐见的方式传播它，实现马克思主义大众化。中国共产党成立以来，始终在不断推进马克思主义中国化、时代化和大众化。习近平指出："发展21世纪马克思主义、当代中国马克思主义，……锲而不舍推进马克思主义中国化、时代化、大众化，使马克思主义放射出更加灿烂的真理光芒"①。

2. 加强理论武装

改革开放以来，面对多元化思想的交流碰撞，我们需要不断增强辨别是非意识和抵御风险的能力，需要不断加强理论武装，特别是马克思主义的相关理论的武装。"马克思主义是科学的理论，创造性地揭示了人类社会发展规律。"② 只有学习弄懂马克思主义基本原理，才能识别各种非马克思主义，抵制敌对势力的渗透。"新时代中国特色社会主义思想，是马克思主义中国化最新成果，是党和人民实践经验和集体智慧的结晶，是中国特色社会主义理论体系的重要组成部分，是全党全国人民为实现中华民族伟大复兴而奋斗的行动指南"③。加强理论武装，当前尤其要深入学习贯彻习近平新时代中国特色社会主义思想。与此同时，还要按照立足中国、借鉴国外、挖掘历史、把握当代、关怀人类、面向未来的思路，加强对马克思主义理论的相关研究，深化对马克思主义理论的认识，加快构建充分体现中国特色、中国风格、中国气派的中国特色哲学社会科学。

3. 占领网络新阵地，坚持正确舆论导向

互联网是一个信息大平台，亿万网民从中获取信息，对自身的思维方式和价值观念产生重要影响，特别是对他们对国家、对社会、对工作、对人生的看法产生重要影响。改革开放以来，互联网和科学技术取得了突飞猛进的发展，为文化思想的不断融合开辟新的渠道的同时，也为我国思想

---

① 习近平谈治国理政：第2卷. 北京：外文出版社，2017：65.
② 习近平. 在纪念马克思诞辰200周年大会上的讲话. 北京：人民出版社，2018：7.
③ 决胜全面建成小康社会 夺取新时代中国特色社会主义伟大胜利. 人民日报，2017-10-28.

文化的发展带来了挑战。美国和其他一些西方国家文化传播正是借助于网络这种新技术，向我国大肆宣扬西方"自由""民主"等思想观念和价值观念，具有很大的隐蔽性和渗透性，也加大了我国抵制某些西方国家文化渗透的难度。因此，我们不仅要占领网下舆论阵地，而且还要占领网上舆论阵地，弘扬主旋律，规范网络当中的不当言论，使线上线下做到相互补充、有机统一，防止其他敌对势力占领线上阵地。习近平对互联网高度重视，他明确指出："互联网是当前宣传思想工作的主阵地，这个阵地我们不去占领，人家就会去占领；这部分人我们不去团结，人家就会去拉拢"①。

4. 落实意识形态工作责任制

长期以来，由于种种原因，有些人对意识形态工作的重要性认识不够，比如，有人——甚至党内有的同志对西方所谓的"普世价值"认识模糊，奉西方理论、西方话语为金科玉律。有人认为马克思主义已经过时，中国现在搞的不是马克思主义。有人说马克思主义只是一种意识形态的说教，没有学理性和系统性等。这些对我国文化发展极为不利，这就要求我们落实意识形态工作责任制。第一，加强线上线下的建设和管理，需要落实相应的责任。线上线下的相关言论和价值导向，直接关系着整个舆论导向，特别是在网络新媒体当中，信息的传播量极大，传播速度极快。不对其中传播的内容加强监督管理，必定会使一些人迷失方向，误入歧途。在明确自身责任的前提下，才能做到有所为、有所不为，努力使网上网下形成同心圆，在党的领导下，动员全国各族人民，调动各方面积极性，共同为实现中华民族伟大复兴的中国梦而奋斗。第二，注重区分政治原则问题、思想认识问题、学术观点问题，旗帜鲜明地反对和抵制各种错误观点。我们在文化艺术领域主张百花齐放、百家争鸣的思想，但马克思主义在思想文化领域的一元主导地位需要坚决捍卫。我们要旗帜鲜明反对和抵制各种错误观点，通过党报党刊等媒介，鲜明阐释马克思主义的立场、观点和方法，同时揭露西方敌对势力文化渗透的表现和背后的目的。

---

① 习近平谈治国理政：第 2 卷. 北京：外文出版社，2017：325.

(二) 与社会主义市场经济相适应构建中国特色社会主义文化

改革开放四十年来，经济工作始终是我们党的中心工作。党的十九大依然强调："建设现代化经济体系是跨越关口的迫切要求和我国发展的战略目标。"① 现代社会经济发展或者说经济建设具有明显的阶级属性，始终处于某个特定的国家制度（例如资本主义、社会主义）当中，更多地服务于某个特定的阶级。我国经济的发展为了人民，服务于"为中国人民谋幸福，为中华民族谋复兴"的初心。文化作为一个社会基本的价值体系，对制度选择、演进与效率产生重要影响，对人们的经济活动和社会行为产生间接的影响。在这种情况下，坚持什么样的经济理念，经济发展为了谁、依靠谁，如何治理经济发展中的不良现象就需要相应的文化来约束和引导。改革开放以来，党的历届中央领导集体积极构建积极向上、适应社会主义经济发展需求的文化，对推动中国经济良性运行起到重要作用。

1. 深化对中国特色社会主义文化重要性的认识，提升文化在国家社会发展中的地位作用

早在党的十二届六中全会上审议通过的《中共中央关于社会主义精神文明建设指导方针的决议》就提出"以经济建设为中心……坚定不移地加强精神文明建设"的社会主义现代化建设总布局。把文化建设纳入中国特色社会主义建设全局，形成"经济、政治、文化""三位一体"总布局，充分肯定精神文明建设的战略地位。党的十六届四中全会做出《中共中央关于加强党的执政能力建设的决定》再次强调"推动社会主义物质文明、政治文明、精神文明协调发展"。同时实现对"总布局"内涵的深化，第一次提出"构建社会主义和谐社会"的战略任务，"三位一体"事实上已演化为"四位一体"。一年后，在党的十六届五中全会上，胡锦涛把我国社会主义建设任务用"社会主义经济建设、政治建设、文化建设和社会建设"来表述，从而使"四位一体"的表述更加简洁，也为中国特色社会主义文化建设带来新的逻辑关系，注入新的内涵。党的十八大以来，"四位一体"总布局发展为"五位一体"总布局，文化建设中提出社会主义核心

---

① 决胜全面建成小康社会 夺取新时代中国特色社会主义伟大胜利. 人民日报，2017-10-28.

价值观、坚定文化自信、加快建设社会主义文化强国等新内容。纵观改革开放以来对中国特色社会主义文化的定位，文化建设始终处于中国特色社会主义总体布局中，有着极高的战略地位，深刻回答了改革开放以来文化建设的一系列重大问题，体现了我们党对中国特色社会主义文化发展规律的战略思考和科学把握，为指导当前文化发展提供了基本遵循。

2. 坚持以人民为中心的文化发展思想，明确文化创新的立场和目标

"坚持以人民为中心"，彰显中国特色社会主义文化的本质属性，是对党成立以来所形成的革命文化的信念传承，既彰显党的根本政治立场和价值取向，也是坚持和发展中国特色社会主义的重要内容。"坚持以人民为中心"本质上强调文化发展要以人民利益、人民需求为导向。邓小平指出："我们要建设的社会主义国家，不但要有高度的物质文明，而且要有高度的精神文明。"① 江泽民说："我们的文化必须……充分体现人民的利益和愿望，满足人民不同层次的、多方面的、丰富的、健康的精神需要，激发人民建设社会主义的积极性。"② 胡锦涛认为："随着人民生活水平不断提高，我国进入了文化消费的快速增长期，人们精神文化需要更加旺盛，文化已经成为衡量社会文明程度和人民生活质量的显著标志。"③ 当前，随着"以人民为中心"发展思想的明确提出，文化建设的人民属性得到进一步深化，习近平提出"文化自信"在"四个自信"④ 中是更基础、更广泛、更深厚的自信，并强调："以人民为中心，就是要把满足人民精神文化需求作为文艺和文艺工作的出发点和落脚点，把人民作为文艺表现的主体，把人民作为文艺审美的鉴赏家和评判者，把为人民服务作为文艺工作者的天职。"⑤ 可见，"以人民为中心"内在的本质属性体现于改革开放以来历届党中央领导人的讲话和部署当中。"以人民为中心"是改革开放以来党关于文化建设的根本价值追求，是彰显中国特色社会主义文化的本质是人民文化的试金石。

---

① 邓小平文选：第2卷. 北京：人民出版社，1994：367.
② 江泽民文选：第1卷. 北京：人民出版社，2006：159.
③ 深入推进文化体制改革推动社会主义文化大发展大繁荣. 北京：人民出版社，2010：149.
④ "四个自信"指：道路自信、理论自信、制度自信、文化自信。
⑤ 习近平谈治国理政：第2卷. 北京：外文出版社，2017：314-315.

3. 积极构建以社会主义核心价值体系为代表的独特文化理论，助推良性经济生态的形成

四十年来，党积极探索能够与社会主义市场经济相适应的文化理论，比较有代表性的就是社会主义核心价值体系。建设社会主义核心价值体系是建立和完善社会主义市场经济体制的客观要求。一方面社会主义市场经济体制倡导平等、竞争、自由、开放等理念要求，呼唤自由、民主、平等、公正、法治等核心价值观；另一方面社会主义市场经济体制具有趋利性、等价交换原则等容易渗透到社会生活的其他方面，出现拜金主义、享乐主义和极端个人主义等突出问题，亟待科学的价值观加以引导。社会主义核心价值体系的基本内涵包括马克思主义指导思想、中国特色社会主义共同理想、以爱国主义为核心的民族精神和以改革创新为核心的时代精神、社会主义荣辱观。党的十九大报告对这一内涵进一步充实，在阐释新时代中国特色社会主义思想"十四个坚持"之"坚持社会主义核心价值体系"中将社会主义核心价值观等内容纳入其中。因此，社会主义核心价值体系的内涵十分丰富，基本包含我们党当前文化建设的主要理论和成果。以社会主义核心价值体系营造良好经济生态，明确了我国经济发展的指导思想是马克思主义理论，经济发展目标是实现中华民族伟大复兴，经济发展的精神脊梁是民族精神和时代精神，在日常经济活动中要自觉践行社会主义核心价值观。

（三）以满足人民群众"美好生活需要"为目标，不断凝结中国特色社会主义文化新成果

改革开放以来，伴随着物质生活的不断丰富，人民对于文化的需求也呈现更高、更多样的特点。正如习近平总书记所概括的那样，人民群众的需要呈现多样化多层次多方面的特点，期盼有更好的教育、更稳定的工作、更满意的收入、更可靠的社会保障、更高水平的医疗卫生服务、更舒适的居住条件、更优美的环境、更丰富的精神文化生活[①]。这其中就包括

---

① 高举中国特色社会主义伟大旗帜　为决胜全面小康社会实现中国梦而奋斗. 人民日报, 2017-07-28.

文化层面的多样化需求。经过四十年的发展，我们党从文化服务体系、文化市场、文化的对外传播等领域不断满足人民群众的文化需求，实现了社会主义先进文化从理论到实践的双重突破。

现代公共文化服务体系逐渐形成。公共文化服务是为保障公民的基本文化生活权利，以政府为主导，以全体公众为服务对象的文化体系。改革开放后，以邓小平同志为核心的党的第二代中央领导集体重新确立了"为人民服务，为社会主义服务"的文化建设方针，明确了中国特色社会主义公共文化服务的总要求。经过三十多年的深入实践，党的十八届三中全会首次明确提出"加快构建现代公共文化服务体系"。2015年1月，中办、国办印发《关于加快构建现代公共文化服务体系的意见》，提出到2020年，基本建成覆盖城乡、便捷高效、保基本、促公平的现代公共文化服务体系，并围绕统筹推进公共文化服务均衡发展、增强公共文化服务发展动力等六个方面做出了部署。2016年12月，《中华人民共和国公共文化服务保障法》颁布，进一步增强了公共文化服务体系的法制保障。财政部颁布《中央补助地方公共文化服务体系建设专项资金管理暂行办法》，为支持和引导地方落实国家基本公共文化服务提供了充足的资金保障。仅2015年，中央财政年度预算安排209.8亿元支持构建现代公共文化服务体系[①]。各省市也坚持政府主导、社会参与、立足基层打牢公共文化服务体系的基础。据《中华人民共和国文化部2016年文化发展统计公报》数据，截至2016年末，全国公共图书馆3 153个，图书总藏量约9.02亿册，群众文化机构44 497个，共组织开展各类文化活动183.97万场次[②]。在地方，诸如上海借助"互联网＋"打造"文化上海云"，实现公共文化网络数据的共享。北京、天津、合肥、大连、青岛、泉州、惠州等地发行"文化惠民卡"，为群众享受便捷的文化服务提供支持条件。

文化产业蓬勃发展。文化产业包含三个方面：一是以较为独立的物化形态表现的文化行业，如影视、报刊、图书出版；二是以劳务形式表现的文化

[①] 2015年中央财政投209.8亿支持现代公共文化服务．（2015-08-19）．http://finance.chinanews.com/cj/2015/08-19/7477291.shtml．

[②] 公共文化设施来到群众"家门口"．中国财经报，2017-08-17．

行业，如艺术表演；三是以附加值为追求的文化行业，如文化旅游。改革开放以来，我国文化产业总体上呈现欣欣向荣、蓬勃发展的状态。仅十八大以后的五年，各地和有关部门适应经济发展新常态，着眼供给侧改革，积极构建现代文化市场体系和文化产业体系，提高文化产业发展的质量和效益，努力推动文化产业成为国民经济支柱性产业。总体来看，据国家统计局数据，2016年，全国文化及相关产业增加值从2012年的18 071亿元增加到30 785亿元，首次突破3万亿元，占GDP的比重从2012年的3.48%提高到4.14%[1]。随着大数据、"互联网+"、虚拟现实技术等新模式和新技术的不断涌现，文化产品也日趋丰富，极大丰富了人民群众的精神生活。2016年文化制造业增加值为11 889亿元，比上年增长7.6%，占文化及相关产业增加值的比重为38.6%；文化批发零售业增加值为2 872亿元，增长13.0%，占9.3%；而其中文化服务业增加值为16 024亿元，增长17.5%，占52.1%，已成为推动文化产业发展的主体力量[2]。2017上映的主流价值观影片《战狼Ⅱ》，票房高达56.81亿元人民币，成为迄今为止中国内地票房总冠军；2018年春节档上映的《红海行动》，票房亦达到36.1亿元人民币。高票房的背后既是文化产业的商业成功，也充分表明广大人民群众对主旋律、主流价值观的认可。除影视创作外，图书出版也欣欣向荣，从2012年的41.4万种、79.3亿册，增加到2016年的49.9万种、90.4亿册。据文化部统计，2016年，全国拥有在册艺术表演团体12 301个，全年演出230.60万场，比2015年增长9.4%[3]。这些有关文化产业发展的部分宏伟数据是改革开放以来我国文化产业发展的一个缩影，是文化产业持续、健康、快速发展的重要例证。

文化对外传播日益成熟。当前我们的文化自信对内体现为当代中国人对自身文化的坚定信仰和传承，对外则体现为当代中国人向国际社会传播自身价值观念的自信。注重将中国文化向世界推广，促进中外文化交流，是改

---

[1] 2017年我国文化产业占GDP比重及相关产业企业营收增速分析.(2017-11-28). http://www.chyxx.com/industry/201711/587273.html.
[2] 同①.
[3] 中华人民共和国文化部2016年文化发展统计公报.(2017-05-18). http://www.fmprc.gov.cn/ce/cgny/chn/whswr/zgwhxx/dtxw/t146180/htm.

革开放以来党和国家十分重视的大事。1985年7月1日,《人民日报》(海外版)创刊,邓小平欣然题词"向海外朋友问好"。改革开放以来党中央关于文化对外传播的权威文件,最早可见于1997年党的十五大报告中所提出的"我国文化的发展,不能离开人类文明的共同成果。……开展多种形式的对外文化交流,博采各国文化之长,向世界展示中国文化建设的成就"[1]。表明了党中央对以文化为桥梁向世界宣传介绍中国的重视。近年来,党和政府围绕文化对外传播,出台了一系列规章制度,不断补齐文化传播的制度短板。比如:2014年,国务院颁布《国务院关于加快发展对外文化贸易的意见》;2016年,中央全面深化改革领导小组第二十九次会议、三十次会议先后审议通过《关于进一步加强和改进中华文化走出去工作的指导意见》和《关于加强"一带一路"软力量建设的指导意见》。一系列规章、文件的出台,为文化对外传播提供了最有利的政策支持和指导。在具体措施上,除继续开设孔子学院[2]以外,中国文化"走出去"的项目形式更加丰富、内容更有深度。2017年"欢乐春节"在全球140多个国家和地区的500多个城市举办了2 000余场活动;从2012年到2017年,海外新增中国文化中心25所;2015年至今,国务院侨办为"一带一路"相关国家培训华校校长和华文师资近3万人次;2016年中国电视剧出口总额为5.1亿元人民币,占整体电视节目内容出口总额的68%。在电影出口上,仅2017年中国电影海外票房即达42.53亿元,比上年38.25亿元增长11.19%[3]。数据的背后是中国人日益具有文化自信,文化产业也更加完备,当代中国人向世界介绍自己的方式也日益多样和成熟。

---

[1] 十五大以来重要文献选编:上. 北京:人民出版社,2003:37.

[2] 据《中国语言文字事业发展报告(2017)》白皮书,截至当年海外孔子学院已达511所。其中,"一带一路"沿线共有51个国家和地区开设了134所孔子学院和130个中小学孔子课堂,欧盟28国、中东欧16国实现全覆盖。

[3] 以上数据援引或摘录自《光明日报》系列报道"在习近平新时代中国特色社会主义思想指引下·圆桌对话"中"文化走出去:创造润物无声的境界"部分。

后　记

改革开放是当代中国发展进步的必由之路，是实现中国梦的必由之路。2018年是中国改革开放四十周年。生动展现改革开放四十年的光辉历程，深刻总结宝贵经验，是思想宣传工作的热点，也是理论研究的重点。为此，我们撰写了《文化建设新风貌》一书，作为"改革开放与新时代"研究丛书之一。本书是教育部高等学校社会科学发展研究中心2017年度中央级公益性科研院所基本科研业务费专项资金资助项目"文化建设新风貌"课题的最终成果。本书是集体合作的结晶：教育部社科中心文化美育处处长王非提出撰写提纲并统稿。西安理工大学马蕾撰写第一章和第四章，教育部社科中心吕妍凝撰写第二章，教育部社科中心王雪凌撰写第三章，西南大学李栋宣、重庆电子工程职业学院郎捷撰写第五章。

由于水平所限，书中难免存在不足之处，敬请读者批评指正。

"文化建设新风貌"课题组

2018年12月

图书在版编目（CIP）数据

文化建设新风貌/王非等著. --北京：中国人民大学出版社，2020.6
("改革开放与新时代"研究丛书)
ISBN 978-7-300-28069-1

Ⅰ.①文… Ⅱ.①王… Ⅲ.①文化事业-建设-概况-中国 Ⅳ.①G12

中国版本图书馆 CIP 数据核字（2020）第 068669 号

"改革开放与新时代"研究丛书
文化建设新风貌
王非 等 著

出版发行	中国人民大学出版社			
社　　址	北京中关村大街 31 号		邮政编码	100080
电　　话	010－62511242（总编室）		010－62511770（质管部）	
	010－82501766（邮购部）		010－62514148（门市部）	
	010－62515195（发行公司）		010－62515275（盗版举报）	
网　　址	http://www.crup.com.cn			
经　　销	新华书店			
印　　刷	天津中印联印务有限公司			
规　　格	165 mm×230 mm　16 开本		版　次	2020 年 6 月第 1 版
印　　张	8 插页 1		印　次	2020 年 6 月第 1 次印刷
字　　数	110 000		定　价	38.00 元

版权所有　侵权必究　　印装差错　负责调换